पुराण साहित्य भारतीय साहित्य और जीवन की अक्षुण्ण निधि है। इनमें मानव जीवन के उत्कर्ष और अपकर्ष की अनेक गाथाएं मिलती हैं। अठारह पुराणों में अलग-अलग देवी-देवताओं को केन्द्र में रखकर पाप और पुण्य, धर्म और अधर्म, कर्म और अकर्म की गाथाएं कही गई हैं। इस रूप में पुराणों का पठन और आधुनिक जीवन की सीमा में मूल्यों की स्थापना आज के मनुष्य को एक निश्चित दिशा दे सकता है।

*निरन्तर द्वन्द्व और निरन्तर द्वन्द्व से मुक्ति का प्रयास मनुष्य की संस्कृति का मूल आधार है। पुराण हमें आधार देते हैं। इसी उद्देश्य को लेकर पाठकों की रुचि के अनुसार सरल, सहज भाषा में प्रस्तुत है पुराण-साहित्य की शृंखला में '**भविष्य पुराण**'।*

भविष्य पुराण

डॉ॰ विनय

डायमंड बुक्स

प्रकाशक : **डायमंड पॉकेट बुक्स (प्रा.) लि.**
X-30 ओखला इंडस्ट्रियल एरिया, फेज-II
नई दिल्ली-110020
फोन : 011-40712200
ई-मेल : sales@dpb.in
वेबसाइट : www.diamondbook.in
मुद्रक : रेप्रो (इंडिया)

Bhavishya Puran
By : Dr. Vinay

प्रस्तावना

भारतीय जीवन-धारा में जिन ग्रंथों का महत्त्वपूर्ण स्थान है उनमें पुराण भँक्ति ग्रंथों के रूप में बहुत महत्त्वपूर्ण माने जाते हैं। पुराण-साहित्य भारतीय जीवन और साहित्य की अक्षुण्ण निधि है। इनमें मानव जीवन के उत्कर्ष और अपकर्ष की अनेक गाथाएं मिलती हैं। भारतीय चिंतन-परम्परा में कर्मकांड युग, उपनिषद युग अर्थात् ज्ञान युग और पुराण युग और सबसे ज्यादा भक्ति युग का निरंतर विकास होता हुआ दिखाई देता है। कर्मकांड से ज्ञान की ओर आते हुए भारतीय मानस चिंतन के ऊर्ध्व शिखर पर पहुंचा और ज्ञानात्मक चिंतन के बाद भक्ति की अविरल धारा प्रवाहित हुई।

विकास की इसी प्रक्रिया के बहुदेववाद और निर्गुण ब्रह्म की स्वरूपात्मक व्याख्या से धीरे-धीरे भारतीय मानस अवतारवाद या सगुण भक्ति की ओर प्रेरित हुआ। पुराण साहित्य सामान्यतया सगुण भक्ति का प्रतिपादन करता है। यहीं आकर हमें यह भी मालूम होता है कि सृष्टि के रहस्यों के विषय में भारतीय मनीषियों ने कितना चिंतन और मनन किया है। पुराण साहित्य को केवल धार्मिक और पुरा कथा कहकर छोड़ देना उस पूरी चिंतन-धारा से अपने को अपरिचित रखना होगा जिसे जाने बिना हम वास्तविक रूप में अपनी परम्परा को नहीं जान सकते।

परम्परा का ज्ञान किसी भी स्तर पर बहुत आवश्यक होता है क्योंकि परंपरा से अपने को जोड़ना और तब आधुनिक होकर उससे मुक्त होना बौद्धिक विकास की एक प्रक्रिया है। हमारे पुराण-साहित्य में सृष्टि की उत्पति, विकास, मानव उत्पत्ति और फिर उसके विविध विकासात्मक सोपान इस तरह से दिए हैं कि यदि उनसे चमत्कार और अतिरिक्त विश्वास के अंश ध्यान न रक्खे जाएं तो अनेक बातें बहुत-कुछ विज्ञान-सम्मत

भी हो सकती हैं। जहां तक सृष्टि के रहस्य का प्रश्न है विकासवाद के सिद्धांत के बावजूद और वैज्ञानिक जानकारी के होने पर भी वह अभी तक मनुष्य की बुद्धि के लिए एक चुनौती है। इसलिए जिन बातों का वर्णन सृष्टि के संदर्भ में पुराण-साहित्य में हुआ है उसे एकाएक पूरी तरह से नहीं नकरा जा सकता।

महर्षि वेदव्यास को इन अठारह पुराणों की रचना का श्रेय है। महाभारत के रचयिता भी वेदव्यास ही हैं। वेदव्यास एक व्यक्ति रहे होंगे या एक पीठ, यह प्रश्न दूसरा है और यह भी बात अलग है कि सारे पुराण कथा-कथन शैली में विकासशील रचनाएं हैं। इसलिए उनके मूल रूप में परिवर्तन होता गया। लेकिन यदि ध्यानपूर्वक देखा जाए तो ये सारे पुराण विश्वास की उस भूमि पर अधिष्ठित हैं जहां ऐतिहासिकता, भूगोल का तर्क उतना महत्त्वपूर्ण नहीं रहता जितना उसमें व्यक्त जीवन-मूल्यों का स्वरूप। यह बात दूसरी है कि जिन जीवन-मूल्यों की स्थापना उस काल में पुराण-साहित्य में की गई, वे हमारे आज के संदर्भ में कितने प्रासंगिक रह गए हैं? लेकिन साथ में यह भी होगा कि धर्म और धर्म का आस्थामूलक व्यवहार किसी तर्क और मूल्यवत्ता की प्रासंगिकता की अपेक्षा नहीं करता। उससे एक ऐसा आत्मविश्वास और आत्मालोक जन्म लेता है जिससे मानव का आंतरिक उत्कर्ष होता है, हम कितनी भी भौतिक और वैज्ञानिक उन्नति कर लें, अंततः आस्था की तुलना में यह उन्नति अधिक देर नहीं ठहरती। इसलिए इन पुराणों का महत्त्व तर्क पर अधिक आधारित न होकर भावना और विश्वास पर आधारित है और इन्हीं अर्थों में इनका महत्त्व है।

जैसा कि हमने कहा कि पुराण-साहित्य में अवतारवाद की प्रतिष्ठा है। निर्गुण निराकार की सत्ता को मानते हुए सगुण साकार की उपासना का प्रतिपादन इन ग्रंथों का मूल विषय है। अठारह पुराणों की उपासना का प्रतिपादन इन ग्रंथों का मूल विषय है। अठारह पुराणों में अलग-अलग देवी-देवताओं को केन्द्र में रखकर पाप और पुण्य, धर्म और अधर्म तथा कर्म और अकर्म की गाथाएं कही गई हैं। उन सबसे एक ही निष्कर्ष निकलता है कि आखिर मनुष्य और इस सृष्टि का एक आधार-सौंदर्य तथा इसकी मानवीय अर्थवत्ता में कहीं-न-कहीं सद्गुणों की प्रतिष्ठा होनी

ही चाहिए। आधुनिक जीवन में भी संघर्ष की अनेक भावभूमियों पर जाने के बाद भी विशिष्ट मानव मूल्य अपनी अर्थवत्ता नहीं खो सकते। त्याग, प्रेम, भक्ति, सेवा, सहनशीलता आदि ऐसे मानव गुण हैं जिनके अभाव में किसी भी बेहतर समाज की कल्पना नहीं की जा सकती। इसीलिए भिन्न-भिन्न पुराणों में देवताओं के विभिन्न स्वरूपों को लेकर मूल्य के स्तर पर एक विराट आयोजन मिलता है। एक बात और आश्चर्यजनक रूप से पुराणों में मिलती है कि सत्कर्म की प्रतिष्ठा की प्रक्रिया में अपकर्म और दुष्कर्म का व्यापक चित्रण करने में पुराणकार कभी पीछे नहीं हटा और उसने देवताओं की कुप्रवृत्तियों को भी व्यापक रूप में चित्रित किया है लेकिन उसका मूल उद्देश्य सद्भावना का विकास और सत्य की प्रतिष्ठा ही है।

कलयुग का जैसा वर्णन पुराणों में मिलता है, आज हम लगभग वैसा ही समय देख रहे हैं। अतः यह तो निश्चित है कि पुराणकार ने समय के विकास में वृत्तियों को और वृत्तियों के विकास को बहुत ठीक तरह से पहचाना। इस रूप में पुराणों का पठन और आधुनिक जीवन की सीमा में मूल्यों का स्थापन आज के मनुष्य को सही दिशा तो दे सकता है क्योंकि आधुनिक जीवन में अंधविश्वास का विरोध करना तो तर्कपूर्ण है लेकिन विश्वास का विरोध करना आत्महत्या के समान है।

प्रत्येक पुराण में हजारों श्लोक हैं और उनमें कथा कहने की प्रवृत्ति तथा भक्त के गुणों की विशेषणपरक अभिव्यक्ति बार-बार हुई है। लेकिन चेतन और अचेतन के तमाम रहस्यात्मक स्वरूपों का चित्रण, पुनरुक्ति भाव से होने के बाद भी बहुत प्रभावशाली है और हिन्दी में अनेक पुराण यथावत् लिखे गए। फिर प्रश्न उठ सकता है कि हमने इस प्रकार पुराणों का लेखन और प्रकाशन क्यों प्रारम्भ किया? उत्तर स्पष्ट है कि जिन पाठकों तक अपने प्रकाशन की सीमा में अन्य पुराण नहीं पहुंचे होंगे, हम उन तक इन पुराणों को पहुंचाने का प्रयास करेंगे और इस पठनीय साहित्य को उनके सामने प्रस्तुत कर जीवन और जगत् की स्वतंत्र धारणा स्थापित करने का प्रयास कर सकेंगे।

हमने मूल पुराणों में कही हुई बातें और शैली यथावत् स्वीकार की हैं किन्तु सामान्य व्यक्ति को भी समझ में आने वाली सामान्य भाषा का

प्रयोग किया है। किन्तु जो तत्त्वदर्शी शब्द हैं उनका वैसा ही प्रयोग करने का निश्चय इसलिए किया गया कि उनका ज्ञान हमारे पाठकों को उसी रूप में हो।

हम आज के जीवन की विंडबनापूर्ण स्थिति के बीच से गुजर रहे हैं। हमारे बहुत सारे मूल्य खंडित हो गए हैं। आधुनिक ज्ञान के नाम पर विदेशी चिंतन का प्रभाव हमारे ऊपर बहुत अधिक हावी हो रहा है इसलिए एक संघर्ष हमें अपनी मानसिकता से ही करना होगा कि अपनी परम्परा में जो ग्रहणीय है, मूल्यपरक है उस पर फिर से लौटना होगा। साथ में तार्किक विदेशी ज्ञान भंडार से भी अपरिचित नहीं रहना होगा क्योंकि विकल्प में जो कुछ भी हमें दिया है, वह आरोहण और नकल के अतिरिक्त कुछ नहीं। मनुष्य, का मन बहुत विचित्र है और उस विचित्रता में विश्वास और विश्वास का द्वंद्व भी निरंतर होता रहता है। इस द्वंद्व से परे होना ही मनुष्य जीवन का ध्येय हो सकता है। निरंतर द्वंद्व और निरंतर द्वंद्व से मुक्ति का प्रयास मनुष्य की संस्कृति के विकास का यही मूल आधार है। हमारे पुराण हमें आधार देते हैं और यही ध्यान में रखकर हमने सरल, सहज भाषा में अपने पाठकों के सामने पुराण–साहित्य प्रस्तुत करने का प्रयास किया है। इसमें हम केवल प्रस्तोता हैं, लेखक नहीं। जो कुछ हमारे साहित्य में है उसे उसी रूप में चित्रित करते हुए हमें गर्व का अनुभव हो रहा है।

'डायमंड पॉकेट बुक्स' के श्री नरेन्द्रकुमार जी के प्रति हम बहुत आभारी हैं कि उन्होंने भारतीय धार्मिक जनता को अपने साहित्य से परिचित कराने का महत् अनुष्ठान किया है। देवता एक भाव संज्ञा भी है और आस्था का आधार भी। इसलिए वह हमारे लिए अनिवार्य है और यह पुराण उन्हीं के लिए है जिनके लिए यह अनिवार्य है।

—डॉ॰ विनय

भविष्य पुराण का महत्त्व

भविष्य पुराण एक ऐसा पुराण है जिसे सुनकर मनुष्य सारे पापों से मुक्ति पा जाता है। इस पुराण के चार पर्व हैं। पहला ब्रह्म पर्व है, दूसरा माध्यम पर्व, तीसरा प्रतिसर्ग पर्व है तथा अन्त में चौथा उत्तर पर्व है।

यह पुराण समस्त लोकों में पूजनीय है।

पहला पर्व 'ब्रह्म पर्व' में कहा गया है कि संसार भूतों का सर्ग है। इस पर्व को सुनने से पाप नष्ट हो जाते हैं। जल को नार कहा गया है और जल से घिरा हुआ उसे नारायण। नारायण के प्रारम्भ में दो भाग किए। एक भाग पुरुष और दूसरा भाग नारी बना। इस पर्व में चार प्रकार से सृष्टि की रचना कैसे हुई, को भी बताया गया है। इसमें ब्राह्मणों व क्षत्रियों के कर्मों की भी जानकारी दी गई है। स्त्रियों के कर्मों की भी जानकारी दी गई है। स्त्रियों के शुभ लक्षणों के बारे में बताया गया है। जो व्यक्ति बिना सूर्य पूजा के जीता है वह मृत के समान होता है। अंत में इसमें बताया गया है कि स्त्री की प्रधानता परिवार में गलत नहीं है बल्कि कहा गया है जिस घर में स्त्री की प्रधानता होती है वहां वह अपने घर-परिवार और पति को एक सही व्यवस्था देकर संचालित करती है। इसमें स्त्री के कई रूपों का वर्णन है। सूतजी ने इस पुराण का वर्णन कथा रूप में किया है।

दूसरा पर्व 'माध्यम पर्व' में बताया गया है कि जिस मानव में धर्म समायुक्त होता है वहां अर्थ और काम दोनों ही व्यवस्थित हो जाते हैं। सूतजी ने इस पर्व में कहा जो व्यक्ति भक्ति भाव से इस पुराण का श्रवण करता है वह सौ ब्रह्म-हत्याओं के पाप से मुक्त हो जाता है। कर्म की श्रेष्ठता को बताते हुए सूतजी ने बताया है जो कर्म ज्ञान के द्वारा साध्य होता है, वह अन्तर्वेद होता है, देव-स्थापना तथा पूजन बहिर्वेदि कहलाता है। अग्निदेव को समस्त प्राणियों को तारने वाला कहा गया है।

तीसरा पर्व 'प्रतिसर्ग पर्व' में नरपति राज्य काल का वर्णन है।

भगवान् राम के राजकाल व उनके पुत्र लव-कुश के राज-काज का वर्णन है। इसमें द्वापर युग के राजाओं के विषय में भी वर्णन दिया गया है। साथ ही जयचन्द और पृथ्वीराज की उत्पत्ति के साथ आर्य देश के दो भागों में अधिपत्य का वर्णन भी है। आगे चैतन्य भगवान् व भगवान् शंकराचार्य की उत्पत्ति का वृत्तान्त भी है।

भविष्य पुराण के उत्तर पर्व में कर्म का उल्लेख करते हुए कृष्ण ने बताया है कि शुभ कर्म से प्राणी देवत्व की प्राप्ति करता है। धर्मराज युधिष्ठिर के दर्शन के आए अनेक गणमान ऋषि-महर्षि, व्यासजी आदि का वर्णन है। इसमें विष्णु पूजन के बारे में बताया गया है। इसमें कृष्ण और युधिष्ठिर के मिलने के कई प्रसंग दिए गए हैं। अंत में कहा जा सकता है कि जो मनुष्य भविष्य पुराण का श्रवण-पूजन, अर्चन करके नित्य नैमित्तिक कर्म करते हुए विधि-विधान से अनुष्ठान सम्पन्न करते हैं वे मोक्ष के अधिकारी होते हैं।

अनुक्रमणिका

ब्रह्म पर्व

मुनि पराशर के पुत्र महर्षि व्यास ने अनेक पुराणों की रचना की। ये सभी पुराण परम सुखदायी और पुण्य फल देने वाले हैं। एक बार महर्षि भृगु, वशिष्ठ, पुलस्त्य, पुलह, क्रतु, पराशर, सुमन्तु, जैमिनी, गौतम, याज्ञवल्क्य, भारद्वाज, नारद, महात्मा शौनक आदि के साथ भ्रमण करते हुए व्यास राजा शतानीक के यहां पहुंचे। राजा ने अपने यहां इन सभी मुनिश्रेष्ठों को आया देख अपना परम सौभाग्य समझते हुए उनका विधिपूर्वक आदर-सत्कार किया। चरणों में सिर रखते हुए बारम्बार प्रणाम किया और कहा–हे द्विजश्रेष्ठो! आप जिस प्रकार मेरे यहां पधारे हैं, मैं कृतकृत्य हो गया हूं। कृपया ऐसा धर्मशास्त्र सुनाएं जिससे मैं परम गति को प्राप्त हो जाऊं। राजा के मुख से इस प्रकार सुनकर मुनिवर्ग ने विचार कर कहा कि हे राजन्! मुनिसत्तम व्यास जी महाराज के लोक में बहुत थोड़ी आयु का जानकर अल्पज्ञानी विचार कर उनको सुख पहुंचाने के लिए भविष्य पुराण की कथा सम्पादित की है, आप उन्हीं की शरण में जाइए, वे ही आपको सन्तुष्ट कर पाएंगे।

यह सुनकर महर्षि व्यास के चरणों में सिर रखते हुए उनसे शुभ, पवित्र कथा-प्रवचन का साग्रह निवेदन किया तो व्यास जी ने कहा, हे राजन्! यह समन्तु मेरा शिष्य है। यह धर्मज्ञ सभी वाङमयों का ज्ञाता है, तुम्हारे पिता को मेरे शिष्य वैशम्पायन ने ब्रह्म-हत्या से मुक्ति दिलाने वाला आख्यान सुनाया था, अब सुमन्तु तुम्हें प्रबोधित करेंगे। राजा द्वारा मुनि सुमन्तु से निवेदन करने पर महर्षि सुमन्तु ने कहा, हे श्रद्धालु! तीनों लोकों में चारों वर्णों के प्राणियों के लिए जो कुछ भी कल्याणकारी है, वह सभी कुछ श्रवण योग्य है। लेकिन शूद्रवर्ण के निरीह प्राणी किस प्रकार धर्म, अर्थ, काम और मोक्ष की प्राप्ति कर सकते हैं, यह नवम

पुराण में वर्णन किया गया है।

सुमन्तु मुनि ने बताया कि यह ऐसा पुराण है जिसे सुनकर मनुष्य सारे पापों से मुक्ति पा जाता है। अश्वमेध यज्ञ के समान फल पाकर सूर्यलोक का अधिकारी होकर वहां वास करता है, ब्राह्मण के लिए तथा क्षत्रिय के लिए ही इसमें अध्ययन का अधिकार है। शूद्र केवल इसका श्रवण कर सकता है। यही उसके कल्याण का सुगम मार्ग है। अतः हे राजा! जो ब्राह्मण सभी वर्णों को इसका श्रवण कराता है, वह सभी वर्णों का गुरु कहलाता है। इसमें सभी धर्मों और कर्मों का गुण-दोष के साथ वर्णन है।

सुमन्तु मुनि ने महापवित्र और पुण्यकारी भविष्य पुराण की कथा सुनाते हुए बताया कि पुराण में चार पर्व हैं। पहला ब्रह्म पर्व है, दूसरा माध्यम पर्व, तीसरा प्रतिसर्ग पर्व तथा अंत में चौथा उत्तर पर्व है। यह समस्त लोकों में पूजनीय है। हे राजा! इन पर्वों में सर्ग, प्रतिसर्ग, वंश, मन्वन्तर और वंशानुचरित होते हैं। ये चार वेद, छः वेदांग, मीमांसा, न्याय का विस्तार, पुराण और धर्म-शास्त्र मिलकर कुल चौदह विद्याएं होती हैं। आयुर्वेद, धनुर्वेद, गन्धर्व और अर्थशास्त्र मिलकर इनकी संख्या 18 हो जाती है।

संसार को भूतों का सर्ग कहा जाता है जिसके सुनने से पाप नष्ट हो जाते हैं। यह संसार पहले लक्षणहीन और अन्धकारपूर्ण था और जानने से परे था। भगवान् ईश ने इस अव्यक्त को प्रकट करते हुए महाभूत बृतौजा अन्धकार का नाश किया और इसके बाद परब्रह्म के रूप में उदित होकर जल की सृष्टि की और उसमें वीर्य को स्थित किया। इससे सभी देवता असुर और मनुष्य जन्मे। यह समस्त लोकों के पिता ब्रह्मा की उत्पत्ति का कारण बना। ब्रह्मा चार मुख वाले थे और परम श्रेष्ठ ब्रह्मा क्षेत्रज्ञ पुरुष वेद, शंभुनारायण थे। इन्हें इसीलिए विरंचि और पद्मज भी कहा गया है।

जल को नार कहा गया है और जो जल से घिरा हुआ है उसे नारायण। इस प्रकार आदि पुरुष को नित्य और सद्-असद् स्वरूप होने के

कारण ब्रह्मा कहा गया। अण्ड में तत्त्व का निरूपण करके ही इन्हें भगवान की संज्ञा दी गई। इस अण्ड को दो प्रकार से बांटा गया जिनसे दिव और भूमि की रचना हुई। आठ दिशाओं की रचना हुई और हे राजा! सब और से लोक की विभूति के लिए महत्त्व हुआ। इस महत्व से अहंकार और अहंकार से सत्व, रज, तम गुणों की रचना हुई और ये तीनों बुद्धि से ही जाने जाते हैं। इनसे ही महान् भूतों की रचना होती है। पांचों इन्द्रियां इन्हें ग्रहण करती हैं। इन पांचों तन्मात्राओं से बनी सृष्टि ही प्राणियों का निर्माण करती है। जिस मूर्ति के ये अवयव हैं उसके आश्रय होते हैं। ये महान् भूत विभु से निहित होते हैं और कर्म के साथ गुण और सगुण मिले हुए होते हैं।

इन सात महान् ओज वाले पुरुषों की सूक्ष्म मात्रा से द्वय का जन्म होता है। इनसे भी पांच पुरुष उत्पन्न होते हैं। कुछ मनीषी इस प्रकार भी कहते हैं कि इनसे ही परासृष्टि उत्पन्न होती है और हे राजा! यह आत्मा है और इसने कल्प आदि के तनु का सृजन किया। अनेक प्रजाओं का सृजन करने की इच्छा रखते हुए, बहुत से विकारों को उत्पन्न करते हुए महान् उत्पन्न होता है और उससे अन्य अनेक भूत आदि जन्मते हैं। इन भूत आदियों से विशाल स्वरूप पैदा होता है। इस विशाल से हरि, हरि से वृक और वृको से बुध होते हैं। इनका प्रादुर्भाव बहुत तेजी से होता है। इसके बाद अनन्त मात्राओं का बोध होता है। इसी से अनेक विषयेन्द्रियां जन्म लेती हैं। आयाद देव से बनी यह सृष्टि, जहां सभी भूत विस्तार पाते हैं और गुणों से युक्त होते हैं। सबसे पहले आकाश और इस प्रकार सभी की रचना होकर पद्मासन पर बैठे ब्रह्मा के द्वारा मास आदि की रचना हुई। वेद शब्द में ही प्रभु से अलग अस्तित्व का निर्माण हुआ और कर्म से उत्पन्न देह वाले देवताओं का यजन हुआ।

हे राजन्! तुषितों के गण को और सनातन यज्ञ को तथा सनातन गुह्य को समानों के लिए देते हुए यज्ञों की सिद्धि के लिए ऋग्, यजु और साम लक्षण वाले का दोहन करके काल, काल की विभक्ति, गृह और ऋतुओं

का निर्माण हुआ। समस्त नदियां, पर्वत, काम, क्रोध, वाणी और रति जन्मे और विविध गुणों वाली प्रजा की इच्छा के लिए, कर्म के विवेक के लिए, धर्म और अधर्म की रचना हुई। इसके पश्चात् प्रजा को सुख और दुःख आदि द्वंद्वों से नियोजित किया गया जो दशाओं की आयु मात्रा विनाश वाली कही गई। यह सब उनसे क्रमशः उत्पन्न होते हुए कर्म के अनुसार बार-बार जन्म लेते हुए शुभ-अशुभ धर्म-अधर्म का भागी होता है। इस सर्ग में जो भी जिस प्रकार का हुआ उसके सर्ग में स्वयं आविष्ट हो गया।

संसार में देहधारी मुख, बाहु, ऊरू और पैर से अपने-अपने कर्मों को प्राप्त करते हैं, ब्राह्मण, क्षत्रिय, वैश्य और शूद्र—ये चार मुख हैं। इनसे वेद निकलते हैं। ऋग्वेद संहिता महात्मा वशिष्ठ के साथ पूर्व मुख से निकली। याज्ञवल्क्य के साथ यजुर्वेद दक्षिण मुख से निकला, सामवेद गौतम ऋषि के साथ पश्चिम मुख से और अथर्ववेद शौनक ऋषि के साथ उत्तर मुख से निकला। हे राजा! पांचवां परम प्रसिद्ध मुख, जो जगत प्रसिद्ध है, उससे इतिहास के साथ अठारह पुराण निकले और इसी के साथ जगत संसार में पूजे गए यम आदि की सृष्टि हुई है।

नारायण ने प्रारम्भ में अपनी देह के दो भाग किए। एक भाग पुरुष और दूसरा भाग नारी बना। इस रूप में प्रभु ने विराट का सृजन किया और विराट के तप द्वारा अन्य प्रजाओं की सृष्टि हुई जिससे दश प्रजापतियों का सृजन हुआ इसके बाद ऋषियों की राक्षसों, यक्षों, सर्प, पिशाचों, गन्धर्वों और अप्सराओं आदि की सृष्टि हुई। फिर पितृगण, वर्ग, नाग और विविध गणों की रचना हुई। क्षण, रुच, अश्विगण, धूम्रकेतु, किन्नर, वराह, गज-अश्व पशु, मृग, कृमि, कीट-पतंग आदि जीवों की रचना हुई और इस तरह से जड़ और चेतन की रचना करते हुए भुवन भास्कर ने तीनों लोकों की रचना की। ये सभी प्राणी और जीव अपने-अपने कर्मों के अनुसार उत्पन्न होते हैं। कुछ प्राणी थल भाग में पैदा होते हैं और कुछ जल भाग में। इसमें कुछ स्वेदन कहलाते हैं और कुछ उद्भिजन कहलाते हैं।

इस प्रकार जरायुज, अण्डज, स्वेदन और उद्भिजन चार प्रकार की सृष्टि की रचना हुई। नाना प्रकार की वनस्पतियां जन्मीं जिनमें अनेक जातियों और प्रजातियां हुईं। ये सब जड़ सृष्टि वाले जीव सुख-दुःख का अनुभव भी करने वाले हुए। इस प्रकार यह सकल जगत काल से काल को पीड़ित करता हुआ अन्त में भूतात्मा परम लोक गुरु में तिरोभूत हो जाता है। जब देव जागृत रहता है तो यह जगत भी चेष्टा वाला होता है और जब शान्त आत्मा होकर सो जाता है तब यह जगत विलीन हो जाता है। इस प्रकार इस दशा में कर्म-बंधन से मुक्त ये सभी जीव विलीन होकर सुखपूर्वक शयन करते हैं। तमोगुण इस दशा में इंद्रियों के साथ चिरकाल तक रहता हुआ भी कोई नया कर्म नहीं करता और मूर्ति से उत्क्रांत अहमात्रिक होकर स्थाणु और चरिष्णु बीज में समाहित हो जाता है। अशरीरी होकर वास करता है और प्रभु इस जगत की जाग्रत और स्वप्निल दशा को संचालित करते हैं।

हे राजा! प्रभु कल्प के आदि में जगत का निर्माण करते हैं और कल्प के अंत में इसका संहार। इसे कल्पांत कहते हैं। यह प्रभु का एक दिन होता है। काल की संख्या के संदर्भ में बताते हुए मुनि ने बताया कि 18 निवेश होते हैं जिनकी एक काष्ठा होती है। तीस काष्ठाओं की एक कला होती है और तीस कलाओं का एक क्षण, 12 क्षणों का एक मुहूर्त, 30 मुहूर्त्तों का एक अहोरात्र होता है और तीस अहोरात्र मनुष्य और देवताओं के अहोरात्रियों का विभाजन करते हैं। तीन ऋतुओं का एक अयन होता है और दो अयनों का एक वर्ष। सूर्य मनुष्य और देवताओं के वर्षों का विभाजन करते हैं अर्थात् ये अहोरात्र दैविक और मानुषिक दो प्रकार के होते हैं। दिन का समय विविध कर्मों के लिए नियत रहता है और रात्रि प्राणियों के स्वप्न के लिए हुआ करती है। इस प्रकार कर्मों की चेष्टाओं में कृष्ण पक्ष दिन होता है और मास का शुक्ल पक्ष रात्रि। वर्ष उत्तरायण देवताओं का दिन कहा जाता है और दक्षिणायन देवताओं की रात्रि होती हैं। एक-एक युग को क्रमशः ब्रह्मा का दिन और रात्रि समझना चाहिए। ब्रह्मा के चार हजार वर्षों का द्वापर और एक हजार वर्ष का

कलयुंग। इनके संध्या और संध्यांश भी इसी प्रकार से होते हैं। इन चार युगों की यह संख्या चतुर्युग के रूप में देवताओं का एक युग बनती है और दैविक गुणों की एक हजार संख्या का ब्रह्मा का एक दिन होता है।

इसी के परिमाण में ब्रह्मा की रात्रि होती है। ऐसे दिन और रात्रि को ब्रह्मा का एक अहोरत्र कहना चाहिए और इस प्रकार एक युग प्रयत्न तक सोते रहने के बाद प्रबुद्ध होकर जब वे फिर जागते हैं तब सद् और असद् रूप वाले मन का सृजन करते हैं और यह मन विपुल सृष्टि का जमदाता होता है। सबसे पहले आकाश उत्पन्न होता है फिर वायु और वायु से गुण के रूप में तम का नाश करने वाला विचित्रांश गुण पैदा होता है। यह विरोचिष्णु कहलाता है। इससे जल पैदा होता है और तब जलों से गंध के गुण वाली पृथ्वी जनमती है।

बारह हजार वर्षों वाले देवताओं के युग का इकहत्तर गुना एक मन्वन्तर कहलाता है और इस प्रकार अनेक मन्वन्तर होते हैं। इनका भी उसी क्रम से जन्म और संहार होता है। ब्रह्मा के एक दिन में चौदह मनु होते हैं। स्वायम्भुव मनु के दूसरे वंश में होने वाले छः मनु हैं। इनमें सवार्णि, पंचभौत्य और रौच्यमनु प्रमुख हैं। हे राजा! इसके बाद में मनुगण होते हैं जो अपने-अपने चराचर का पालन करते हैं और इस प्रकार महात्मा विरंचि का दिन होता है। उसके अन्त में सर्ग किया जाता है। इस जगत का सृजन एक क्रीड़ा की भांति होता है। पूरा धर्म चार पद वाला होता है। सतयुग में इसके चारों पद रहते हैं और क्रमशः त्रेता, द्वापर और कलयुग में एक-एक पद कम होता चला जाता है।

संसार में समस्त भूतों में जो मनुष्य होते हैं उनमें बुद्धि से जीवन यापन करने वाले ब्राह्मण कहलाते हैं और इनमें भी श्रेष्ठ ब्रह्मज्ञानी कहलाते हैं। धर्म के लिए इस संसार में ब्राह्मण का जन्म भी होता है और समस्त सिद्धियों को प्राप्त कर वह ब्रह्मपद प्राप्त करता है। तीनों लोकों का वास करता है। राजा सतानीक द्वारा यह पूछे जाने पर कि क्या नाम मात्र का ब्राह्मण को प्राप्त कर लेता है या फिर वे कौन से गुण होते हैं जिनका आचरण करने से कोई व्यक्ति श्रेष्ठता को पाता हुआ ब्रह्मपद का

अधिकारी होता है? मुनि सुमन्तु ने बताया कि वेद शास्त्रों में कुल मिलाकर 45 संस्कार ब्राह्मण के होते हैं, जिन्हें विधि-विधानपूर्वक पूरा किया जाता है तो व्यक्ति ब्रह्म पद पा लेता है। संस्कारों की व्याख्या बताते हुए मुनि ने कहा कि गर्भाधान, पुंसवन, सीमन्तोन्नयन, जातकर्म, अन्नप्राशन, उपनयन, विवाह, पंचयज्ञ कर्म आदि संस्कार होते हैं जो सभी देबताओं, पितृगण, मनुष्य, भूतों और ब्रह्मा के कल्याण के होते हैं।

इनमें अष्टकाकर्म श्राद्ध, श्रावणी, सातपाकयज्ञ अग्निआधान, सतक्रिया, अग्निहोत्र, विभु, पौर्णमास और चातुर्मास्य, सातहरि यज्ञ, उनकी सतक्रिया, अग्नि होम, उक्त षोडशी, वाजपेय, अतिरात्रि और सोम संस्कारों में स्थित होते हैं। हे राजन्! ये सभी चालीस द्विजों के संस्कार हैं। इनमें अनुसूया–किसी की बुराई न करना, दया–प्रत्येक पर, अनुग्रह रखना, क्षमा–अनायास, मंगल, शौच और अस्पृहा आदि आठ आत्मगुण होते हैं, जिन्हें मनुष्य अपने जन्म के साथ आत्मा के साथ आरम्भ से ही लेकर संसार में आता है। ये आठों गुण मनीषियों के गुण कहे गये हैं। जो व्यक्ति इनका हनन नहीं करता, स्वयं इनकी प्रशंसा नहीं करता और अन्य दोषों से प्रसन्न नहीं होता वह अशूया धर्म कहलाता है। जो व्यक्ति मित्रों बन्धुओं में द्वेष रखने वाले से भी सदा सहिष्णु व्यवहार करता है वह धर्म दया कहलाता है और किसी भी दुःख से प्रभावित होकर जो क्रोध मुक्त रहता है, क्षमा कहलाता है। अभक्ष को न रखना और परिहार देखना शौच कहलाता है।

जिस कर्म में शरीर को पीड़ा हो उसे न करना अनायास कहलाता है। करने योग्य कर्मों को करने में अग्रसर रहना और अकरणीय कार्यों को त्यागना मंगल कहलाता है। किसी छोटी वस्तु में भी अपनी रुचि न दिखाते हुए बिना किसी लिप्तता के उसे छोड़ने में संकोच न करना अकार्पण्य कहलाता है और पराये धन के प्रति लालसा न रखना अस्पृहा कहलाता है। जिस व्यक्ति का शरीर इन गुणों से युक्त होता है वह द्विज निश्चय ही ब्रह्मत्व को प्राप्त होता है और ब्रह्म लोक का वासी होता है। वह स्वयं परम पवित्र होता है और उसकी संगति से अन्य जीव भी लाभान्वित होते हैं।

गर्भाधान संस्कार से लेकर समस्त संस्कारों का वर्णन करते हुए सुमन्तु मुनि ने कहा कि गर्भाधान, पुंसवन, जातकर्म, अन्नप्राशन और गार्भिक संस्कार द्विजों के मन को परिमार्जित करते हैं। स्वाध्याय से वृत्त, होम, श्रुत, महायज्ञ से अनुष्ठान करने वाला व्यक्ति एक मन होकर जो इस आख्यान को सुनता है, वह भी लाभान्वित होता है। नाभि के नाल काटने से पहले ही पुरुष का जातकर्म किया जाता है। नामकरण संस्कार दसवीं तिथि में, बारहवें दिन, एक मास होने पर या अठारहवें दिन करने का विधान सुझाया गया है किन्तु यह निश्चित है कि अच्छे मुहूर्त, गुणयुक्त नक्षत्र और पुण्य तिथि को ही नामकरण संस्कार संपादिक करना चाहिए। इसमें ब्राह्मण का नाम मंगल सूचक, क्षत्रिय का नाम वीरतासूचक, वैश्य का नाम धन से जुड़ा हुआ और शूद्र का नाम जुगुप्सापूर्वक होना चाहिए। उदाहरणतया वैश्य का नाम धनवर्धन, शूद्र का नाम सर्वदास, ब्राह्मण का नाम विश्वकर्मा तथा क्षत्रिय का इन्द्र वर्मा आदि। स्त्रियों के नाम सुख और उद्यम से युक्त और सुन्दर होने चाहिए। सुमंगला कमला, सुप्रिया आदि।

बारहवें दिन शिशु का घर से निष्क्रमण कराके शेष कर्म पूरे करने चाहिए। इसमें कुछ लोगों का मत है कि यह कर्म चौथे मास में करना चाहिए। अन्नप्राशन छठे मास में किया जाता है। आठवें वर्ष में उपनयन संस्कार सम्पन्न होना चाहिए। गर्भ में, एकादश वर्षा में क्षत्रिय का उपनयन संस्कार निर्दिष्ट किया है। ब्रह्म वर्चस्व प्राप्त करने की इच्छा वाला ब्राह्मण का पांच वर्ष में ही उपनयन करा लेना चाहिए। बल्कि चाहना करने वाले क्षत्रिय का उपनयन संस्कार छठे वर्ष में तथा धन की कामना करने वाले वैश्य का आठवें वर्ष में संस्कार कराना चाहिए।

सोलह वर्ष तक ब्राह्मण को सावित्री का अतिवर्तन नहीं करना चाहिए। क्षत्रिय को 22 वर्ष और वैश्य को 24 वर्ष तक नहीं करना चाहिए। इन बताई गई अवस्थाओं से ऊपर जो द्विजाति संस्कृत नहीं होती, वे सावित्री से पतित हो जाया करते हैं और अपूत होते हैं। आपत्ति काल में भी इनके साथ यौन-सम्बन्ध वर्जित है। यदि कोई ऐसा करता है तो वह

अपने वर्ण से पतित हो जाता है और उसके परिणामस्वरूप पाप का भागी होता है।

इनको वस्त्रादि धारण करने के लिए भी विशेष प्रकार से बताया गया है। ब्राह्मण के लिए तीन लड़ी वाली मौजी पहननी होती है और यह स्तोक्षण होना चाहिए। क्षत्रिय के लिए मोर्बीज्या होती है और वैश्य की मेखला सात तन्तुओं की होती है। यदि किसी कारण मूंज की मेखला प्राप्त न हो तो कुश या बलवज की मेखला हो सकती है। यह तृवृत्त होनी चाहिए। इसमें ग्रन्थियां एक, तीन या पांच हो सकती हैं। विप्र का उपवीत, तपास का तथा तृवृत्त होना चाहिए। क्षत्रिय का उपवीत सन के धागों का बना होना चाहिए और वैश्य का उपवीत आविक धागों का हो। इनके दण्ड भी तीन प्रकार के होते हैं। ब्राह्मण के लिए बिल्व या पलास का दण्ड और यदि सम्भव न हो तो प्लक्ष दंड।

क्षत्रिय के लिए वट वृक्ष, खदिर अथवा वेतस दंड। वैश्य के लिए पैलव, गूलर अथवा पीपल का दंड होना चाहिए। ब्राह्मण का दंड केशों के समीप तक पहुंचने वाला और क्षत्रिय का दंड ललाट तक पहुंचने वाला और वैश्य दंड नाक तक पहुंचने वाला लम्बा होना चाहिए और ये सभी दंड सीधे होने चाहिए। इनके साथ इनकी छाल भी रहनी चाहिए। यह अग्नि से दूषित नहीं होने चाहिए। गुरु से समुचित शिक्षा लेकर उपनयन संस्कार-के समय विप्र को चाहिए कि यह विधिपूर्वक भिक्षा मांगे और इसमें सबसे पहले भवत, भयतिम शब्दों का प्रयोग करना चाहिए।

भिक्षा भयति देहि, इसमें ब्राह्मण को भयति भिक्षा देहि, क्षत्रिय को भिक्षा भयति देहि और वैश्य को भिक्षा देहि भयति कहकर याचना करनी चाहिए। माता को सामने देखकर 'भौ मातः' का उच्चारण करना चाहिए और जिससे भिक्षा मांगी जा रही है उसे चाहिए कि वह ब्रह्मचारी का विधिवत सम्मान करते हुए अपनी क्षमता के अनुरूप सुवर्ण, धन, अन्न भिक्षा रूप में दे और जितनी आवश्यक हो अथवा उस पात्र में आ सके, भिक्षा लेकर उस ब्रह्मचारी को गुरु को समर्पित कर देनी चाहिए।

तत्पश्चात् गुरु से आज्ञा लेकर पवित्र होकर आचमन करके पूर्व की ओर मुख करके भोजन ग्रहण करना चाहिए, ज़ो व्यक्ति पूर्व मुख होकर भोजन प्राप्त करता है उसे आयुसिद्धि प्राप्त होती है, दक्षिण वाला वंश का लाभ करता है, पश्चिम मुख से धन प्राप्त होता है और उत्तर मुख होकर जो भोजन करता है, वह सत्य का भोजन करता है।

इस प्रकार हे राजन्! द्विज को विधिपूर्वक समाहित होते हुए भोजन ग्रहण करना चाहिए और तत्पश्चात् आचमन कुल्ला आदि करके आकाश की ओर छींटे देते हुए निवृत्त होना चाहिए। नित्यप्रति अन्न का पूजन करना चाहिए और इस काल में किसी की बुराई नहीं करनी चाहिए। इसके लिए महर्षि मनु ने कहा है कि भोजन ग्रहण करने से पहले उसका अभिनन्दन करते हुए उसे ग्रहण करना चाहिए और जो भोजन इस प्रकार पूजित होकर ग्रहण किया जाता है वह बल और ओजदायी होता है और जो अपूजित खाया जाता है वह इन दोनों का ही नष्टकारी होता है। लोभ से अन्न खाने वाला लोक और परलोक दोनों में ही नाश को प्राप्त होता है। पूर्व काल में धनवर्धन नाम का वैश्य इसी प्रकार पतन का भागी हुआ था।

राजा सतानीक की जिज्ञासा देखकर सुमन्तु मुनि ने धनवर्धन का आख्यान सुनाते हुए कहा कि पुराकाल में पुष्कर में रहने वाला यह वैश्य पूर्ण रूप में समृद्ध था। एक बार अपने पुत्रों, भाईयों, मित्र, बन्धुओं के साथ वैश्य दैविक यज्ञ के उपरांत भोजन कर रहा था। भोजन के बीच एक शब्द कहा और वह वणिक उस शब्द के पीछे करुणा से भरा हुआ दौड़ पड़ा लेकिन जैसे ही वह घर से बाहर पहुंचा, वह शब्द तिरोहित हो गया था। वह पुनः घर में वापस लौट आया। उसी पात्र से भोजन करने के लिए बैठ गया और उसी क्षण वह सौ टुकड़ों में नष्ट हो गया। इस प्रकार उसका अन्त अवशेष भोजन को पुनः खाने से हुआ। मनुष्य को कभी उच्छिष्ट होकर झूठे मुंह वाला भोजन नहीं करना चाहिए। इसमें अधिक भोजन भी वर्जित है। अधिक भोजन में रस हो जाता और रस से मनुष्य रोगी होता है। रस के उत्पन्न होने पर स्नान दान, जप, होम,

पितृगण और देव-पूजन नहीं करने चाहिए। इस प्रकार इस प्रवृत्ति का सर्वथा त्याग करना चाहिए और शौच का ध्यान रखते हुए संसार में सभी सुखों के साथ रमण करना चाहिए यही वेदों में कहा गया है।

सावित्री के माहात्म्य का वर्णन और उपनयन संस्कार की विधि का वर्णन वृत्त सुनाते हुए सुमन्तु ने कहा, ब्राह्मण का केशांत सोलहवें वर्ष में किया जाना चाहिए, क्षत्रिय का 22वें और वैश्य का 25वें वर्ष में केशांत करना चाहिए। स्त्रियों के लिए मंत्र से रहित चूड़ा विधि है। स्त्रियों के विवाह करने की विधि भी वेद के अनुकूल है। या तो गुरु के समीप अथवा घर में अग्नि परिक्रमा के द्वारा। हे राजन्! गुरु का कर्तव्य है कि पहले शिष्य का उपनयन संस्कार कराकर पवित्रता का उपदेश देकर उसे अग्नि कार्य बताते हुए तीन संध्यांओं, उपासनाओं की विधि की शिक्षा दे और एक सतशिष्य ही ब्रह्मांजलि करने वाला और इन्द्रियों को जीतने वाला होकर अपने कर्म का पालन कर सकता है। वेदअध्ययन के आरम्भ में और अध्ययन के अंत में सदैव गुरु की पूजा करनी चाहिए, चरण स्पर्श करके शुद्ध मन से अध्ययन करना चाहिए।

जिस प्रकार में द्विज ओंकार के योग्य होता है उसका श्रवण करना चाहिए। ओंकार का श्रवण तीनों वेदों से आकार, उकार और मकार का संग्रह करके भूः भुवः स्वः का संग्रह करके प्रजापति ने इसकी रचना की है। यही सावित्री ऋचा का पद-पाद है। सावित्री का दोनों संध्याओं में जप करने वाला ब्राह्मण वेद-पाठ के पुण्य से मुक्त होता है। एक हजार बार इस त्रिक का जप करने से ब्राह्मण एक मास में महान् पाप से मुक्त हो जाता है जैसे सांप अपनी केंचुली से मुक्त होता है और ऐसा न करने पर ये तीनों वर्णों के द्विज निन्दा को प्राप्त होते हैं।

तीन पद वाली त्रिपदा सावित्री ब्रह्मा का मुख हैं इसका तीन वर्ष पर्यन्त जप करने वाला ब्रह्म को प्राप्त करता है और यह ओ३म् अक्षर स्वयं परब्रह्म है। सावित्री से परे कुछ भी नहीं है, जैसा भगवान् मनु ने कहा है कि तप की क्रिया, ओ३म् की क्रिया और दान की क्रिया, ये सब अक्षय फल वाले होते हैं और यह अवर अक्षर ही जानने योग्य है। विधि

यज्ञ से जप यज्ञ विशिष्ट होता है। उपांशु जप लाख गुना होता है, मानस जप सहस्त्र गुना होता है। जो ब्राह्मण इन जपों को करता है, मैत्र कहलाता है। ब्राह्मण को जप से ही सिद्धि मिलती है। समय पर विविधपूर्वक जप करता हुआ पुरुष उच्च पद को प्राप्त होता है। अप्सरा संध्या की उपासना में समासीन पुरुष दिन में पश्चिम संध्या की उपासना नहीं किया करता है।

उसे एक शूद्र की भांति समस्त द्विजों के क्रमों से बहिष्कृत कर देना चाहिए। हे राजन्! वेद के उपक्रम में और नित्य स्वाध्याय में अनध्याय के समय में भी कोई दोष नहीं होता और होम में कहे जाने वाले भक्तों के पढ़ने में अनध्याय कोई दोष नहीं होता। जो विप्र विधिपूर्वक नियत होकर एक ही ऋचा का अध्ययन करता है मानो उसने ब्रह्म आहुति का हवन कर लिया है। ऋचा उसको मेध्य, पयघृत और मधु का नित्य अप्रण किया करती हैं। अग्नि की सुश्रूषा उसका भक्ष है, समावर्तन एक उपासना करता हुआ ब्राह्मण जो आचार्य-पुत्र की सेवा करता है वह भी पवित्र कहलाता है। बिना जाने हुए, पूछे हुए किसी से वार्ता नहीं करनी चाहिए। जो मेधावी पुरुष ज्ञानी होता है किन्तु फिर भी लोक विपरीत आचरण करता है, अधर्म से युक्त बोलता है, उनका पुण्य नष्ट हो जाता है। जहां धर्म और अर्थ दोनों नहीं होते हैं और विधि अनुकूल सुश्रूषा भी नहीं होती वह विद्या ग्रहण नहीं करनी चाहिए और ऐसे व्यक्तियों को विद्या का दान भी वर्जित है। ब्रह्मवादी पुरुष को चाहिए कि वह अपनी विद्या को अपने साथ लेकर संसार त्याग दे लेकिन आपत्ति में भी कुपात्र को न दे। हे राजन्! तुम जिसे पवित्र, सुपात्र और ब्रह्मचारी जानते हो, ऐसे पुरुष को ही विद्या देनी चाहिए। विद्या स्वयं ऐसे व्यक्ति के पास जाना चाहती है। जो आलसरहित और उसकी रक्षा करने वाला हो। लौकिक वैदिक और आध्यात्मिक कैसा भी ज्ञान हो, सुपात्र को ही देना चाहिए। अन्यथा दोषी व्यक्ति रौरव नरक का भागी होता है।

जिससे ज्ञान की प्राप्ति हो उसका सदैव अभिमान करना चाहिए। सावित्री के महत्त्व को जानने वाला विप्र श्रेष्ठ होता है। वह भले ही तीनों

वेदों का ज्ञाता ही क्यों न हो जो मन-बुद्धि से सुपात्र नहीं है, द्विज नहीं कहलाता। शैया और आसन पर श्रेष्ठ पुरुष के साथ कभी नहीं बैठना चाहिए और यदि ऐसा व्यक्ति उपस्थित हो जाए तो तुरन्त उठ जाना चाहिए। अपने से ज्ञान में वृद्ध पुरुष के प्रति भी ऐसा ही व्यवहार अपेक्षित है। जो ऐसा करता है वह अपने को द्विज की कोटि में मान सकता है। सदैव अपने से बड़ों की सम्मान के साथ सेवा सुश्रूषा करने वाला, अपनी आयु, प्रजा, यश और बल में वृद्ध करता है। अपने से श्रेष्ठ और ज्ञान-वृद्ध के सम्मुख अपना परिचय देते समय यह स्मरण रखना चाहिए और अपना नाम उच्चारित करना चाहिए। इससे हे सौम्य, आयुष्मान् भव! का आशीर्वाद प्राप्त होता है। जो ब्राह्मण अभिवादन के प्रति अभिवादन नहीं जानता, ऐसे के लिए विद्वान पुरुष को कभी भी अभिवादन नहीं करना चाहिए क्योंकि वह ज्ञानी होकर भी व्यवहार में शूद्र के समान ही होता है और निश्चय ही नरक में जाता है।

अभिवादन शब्द अभि विष्णु का स्वरूप है और वाद यानी शंकर का स्वरूप। ऐसा करने वाला मानो एक ही साथ दोनों ईष्ट देवताओं की पूजा करता हुआ आपको वह स्थान दे रहा है। ब्राह्मण से मिलने पर कुशल पूछना चाहिए, क्षत्रिय हो उससे अनामय पूछे और वैश्य से क्षेम तथा समागम करके शूद्र से केवल आरोग्य ही पूछना चाहिए। जो दीक्षित हो, चाहे वे अपने से छोटे ही क्यों न हों, नाम लेकर नहीं बुलाना चाहिए। दूसरे की पत्नी हो और योनि से सम्बन्द्ध न हो उससे भवति, सुभगे और भगिनी इस प्रकार के शब्दों द्वारा सम्बोधन करना चाहिए। इसी प्रकार सदैव अपने से बड़ों के प्रति सम्मानसूचक सम्बन्धों का प्रयोग करने वाला ब्राह्मण विष्णु लोक का अधिकारी होता है।

हे राजा! जब कोई व्यक्ति प्रवास से वापस लौटता है तो उस व्यक्ति से सम्बन्ध रखने वाली स्त्रियों का पूजन करना चाहिए। जो पिता की भगिनी हो उसका और माता का भी पूजन करना चाहिए। अपनी बड़ी बहन के साथ सदैव अपनी माता जैसा व्यवहार करना चाहिए। ब्राह्मण दस वर्ष की अवस्था वाला हो और क्षत्रिय राजा चाहे सौ वर्ष की उमर वाला

ही क्यों न हो ये दोनों पिता और पुत्र के समान जानने चाहिए। ब्राह्मण सदैव पिता के समान होता है, क्षत्रिय वैश्य के पिता के समान होता है। मनीषियों ने ब्राह्मण को इसी संदर्भ में पितामह और प्रपितामह बताया है। धन, बन्धुता, अवस्था, कर्म और पांचवीं विद्या, ये मान्यता के स्थान हुआ करते हैं। इनमें जो उत्तर है वही मान्यता का स्थान माना जाता है।

तीनों ही वर्णों में इन पांचों गुणों में बहुत से व्यक्ति गुणी होते हैं। जिसमें ये सभी होते हैं। वह लोक में मान के योग्य है और इस अवस्था में शूद्र भी मान के योग्य हो जाता है। मार्ग में जाते समय चक्र को, दशमिस्थ को, रोगी को, भार वहन करने वाले को, स्त्री स्नातक को, राजा को और वर को मार्ग छोड़ देना चाहिए। स्नातक राजा के मान का पात्र होता है। जो ब्राह्मण शिष्य का उपनयन संस्कार कराके उसे सभी रहस्य और कल्प का ज्ञान देते हुए वेद का अध्यापन कराते हैं वे आचार्य कहे जाते हैं।

जो वेद का एक भाग या एक अंग पढ़ाते हैं उन्हें उपाध्याय कहते हैं और जो किसी अन्य के द्वारा अध्ययन कराता है वह गुरु कहा जाता है। हे राजन्! ब्रह्मचारी को चाहिए कि वह उपयुक्त घर से ही भिक्षा ग्रहण करे अर्थात् जिस गृहस्थी की कर्मों में आस्था हो और वेदों में रुचि हो उसी घर से भिक्षा ग्रहण करनी चाहिए। यज्ञ के प्रति आस्थावान गृहस्थी ही भिक्षा देने का सुपात्र है।

गुरु के कुल, अपनी जाति कुल और बन्धुओं में भिक्षा नहीं मांगनी चाहिए। वाणी का नियमन करते हुए भी जब लाभ न हो तब कहीं भी भक्ष कर लेना चाहिए। समीप से समिधाएं लेकर गृह के ऊपर रखकर उन समिधाओं से तन्द्रारहित होकर प्रातः-सायं हवन करना चाहिए। स्वस्थ अवस्था में अवकिंरणी व्रत करना चाहिए, रुग्ण अवस्था में कोई प्रायश्चित् नहीं होता। भिक्षा के द्वारा वृत्ति की जो वृत्ति होती है वह उपवास के तुल्य कही गई है। देव और पितृकर्म में व्रत की भांति ऋषि की तरह अभ्यर्थनां द्वारा बुलाये जाने पर ही भोजन करना चाहिए। इसमें व्रत को लोप नहीं होता।

हे राजा! ब्राह्मण के लिए जो कर्म नियत किये गये हैं, क्षत्रियों और वैश्यों को उनसे मुक्त किया गया है। इसमें गुरु के द्वारा प्रेरित किये जाने पर नित्य ही अध्ययन में लीन रहते हुए, आप अपने आचार्यों के हित का ध्यान रखते हुए, ज्ञानेन्द्रियों को मन से नियंत्रित करते हुए, अपने शरीर और वाणी पर नियंत्रण रखते हुए, साधु आचरण करते हुए, गुरु के सम्मुख अल्प वस्त्र धारण कर सदैव उनके नीचे स्थान पर बैठते हुए मन से, श्रद्धा से गुरु के प्राक्कथन को सुनते हुए, शिक्षा ग्रहण करनी चाहिए। भूल से भी गुरु के नाम का उच्चारण, उनकी गतिविधियों का अनुकरण अथवा परिवाद या निन्दा नहीं करनी चाहिए। ऐसा करने वाला शिष्य लोक में कष्ट उठाता हुआ घोर पाप का भागी होता है।

इस प्रकार ब्रह्मचारी के व्रत-पालन का रहस्य बतलाने के पश्चात् सुमन्तु मुनि ने स्त्रियों के शुभ लक्षणों का निरूपण करते हुए कहा कि पूर्ण रूप से वेद अध्ययन करने के पश्चात् गुरु के द्वारा दीक्षा देने पर ब्रह्मचारी को विधि-विधानपूर्वक गृहस्थ आश्रम में प्रवेश करना चाहिए। गुरु से आज्ञा प्राप्त करके सुन्दर सुलक्षणा भार्या के साथ विवाह करना चाहिए। इसमें ब्रह्मा ने स्त्रियों के लिए जो उत्तम लक्षण बताए हैं वे ही शुभ-अशुभ फल देने वाले हैं।

एक बार अनेक ऋषियों ने ब्रह्मा के पास आकर जिज्ञासापूर्वक स्त्रियों के शुभ लक्षणों के बारे में चर्चा की तो ब्रह्मा ने उन्हें बताया कि जिन स्त्रियों के पैरों के तले लाल कमल के समान होते हैं उनके चरण धन्य होते हैं। भोग बढ़ाने वाले होते हैं। कराल, मांस सहित, रूखे और अर्ध सिरा से युक्त चरणों वाली स्त्रियां दरिद्रता और दुर्भाग्य को प्राप्त करती हैं जिसकी अंगुसिर एक-दूसरे से सटी हों स्निग्ध और बहुत सुश्रा नख वाली हों वे स्त्रियां अत्यन्त ऐश्वर्य और राज योग वाली होती हैं। बहुत छोटी होती हैं वे सुजीवित होती हैं और इनमें बिरली ही धन हानि करने वाली होती हैं।

अग्राओं में दारिद्रय होता है, वे पृथुल होती हैं। आपस में समारूढ़ शरीर वाली स्त्रियां बहुत से पतियों को हनन करने वाली होती हैं जिनके

अंगूठे में उन्नत पर्व हो और उग्र भाग उन्नत हो वे रत्न और स्वर्ग का लाभ करने वाली होती हैं और जिनमें इसके विपरीत लक्षण होते हैं। वे विपत्तिदायनी होती हैं। स्त्रियां अपने स्निग्ध नाखूनों के द्वारा अपने सुभग होने की सूचना देती हैं। स्निग्ध और थोड़े से लालिमा लिये हुए नाखूनों से धनाढ्यता प्रकट होती है। इनसे उन्नत होने से पुत्र होता है और सूक्ष्म होने से राजता प्रकट होती है। पीले, रूखे, नीले, धूम्र और खरनखों वाली स्त्रियां निर्धनता की सूचक होती हैं। बिना सिराओं वाली सरकंडे की आभा वाली और थोड़े तनरुहों वाली जंघाएं स्त्रियों के सौभाग्य की सूचक होती हैं। जिस स्त्री की जांघ पर रोम होते हैं वह क्लेशित हुआ करती हैं। जिसकी पिंडलियां उद्धत होती हैं वह भ्रमण किया करती हैं। जिसकी कौए सी जांघें होती हैं वह बहुत वाचाल और कपिला होती है और पति का हनन करने वाली होती हैं।

बिल्ली और शेर से समान घुटनों वाली स्त्री सौभाग्यशाली और लक्ष्मीवान होती है। वह पुत्रवती होती है। घड़े की आभा वाले घुटनों वाली स्त्री कुलटा होती है। अत्यन्त कुटिल, रूखे, स्फुटित अग्रभाग वाले, अनेक स्थानों पर अत्यन्त रोमों वाली स्त्री निश्चित रूप से त्याज्य हुआ करती है। ऐसी स्त्री अपने पति की घाती होती है। हाथी की सूंड के समान गोल और केले के समान जंघाओं वाली स्त्री अत्यन्त कामप्रिय होती है। संध्या के रूप के समान सुन्दर, सूक्ष्म रोमों वाली मोटी स्त्रियों के साथ रति-सुख प्रशंसनीय होता है। जिसका भग रोरहित हो, समान और सुश्लिष्ट स्थिर हो, तो वह स्त्री भले ही नीच कुल में ही क्यों न पैदा हुई हो, राजपत्नी होती है और इसके विपरीत जो भग तिलयुक्त हो और अग्रभाग में खुर के समान हो तो वह दरिद्रतादायिनी होती है। ओखली के समान शोक देने वाली, ओढ़नी से मुख ढकी असुन्दर और गज के समान रोमों वाली दुर्भाग्य और दरिद्रतादायिनी होती है। कैथ के फल के समान मोटी, वलियों से रहित और फैले हुए नितम्ब वाली स्त्रियां प्रशंसनीय होती हैं और इसके विपरीत आकार वाली को निन्दित कहा गया है। यदि स्त्रियों का पृष्ठ भाग रोमयुक्त होता है, कुब्ज हो जाता है

अथवा दोने के आकार का नहीं होता तो उसका सुख स्वप्न में भी प्राप्त नहीं होता और वह पतिघातिनी होती है।

विपुल और सुकुमार कुक्षियों से युक्त स्त्री सुन्दर और बहुत-सी सन्तानों का उत्पन्न करने वाली होती है। यह राजा को जन्म देने वाली होती है। उन्नत वलियों वाली स्त्री बन्ध्या होती है और सुवृत वलियों वाली कुलटा होती है। ये स्त्रियां जारकर्म में रत रहती हैं। पर-पुरुषगामी होती है। जिस स्त्री के हृदय सम होते हैं वह आयु और ऐश्वर्य में सम्पन्न होती है। गोलाकार, उठे हुए, स्थूल, स्तनयुग्म वाली स्त्री का साथ सुखदायी होता है और इसके विपरीत रचना वाली का साथ दुःखदायी होता है। नारी के प्रथम गर्भ में दोनों स्तनों में से वाम स्तन में ऊंचाई होने से कन्या और दाहिने स्तन में ऊंचाई होने से पुत्र की उत्पत्ति होती है। जिस स्त्री के स्तनों के चुचुक के अग्रभाग की घुंडी बड़ी होती है वह बहुत ही धूर्त और कामुक होती है। जिस स्त्री के चुचुक गोल होते हैं वह पुरुष के द्वेष करने वाली होती है। जिसके स्तन सर्प के फन जैसे होते हैं तथा कुत्ते की जीभ के समान आकार वाले होते हैं, वे स्त्रियां पुरुष की अधिक इच्छा रखने वाली और दरिद्र हुआ करती हैं। जिनका वक्ष-स्थल वक्र होता है, वे हिंसक होती हैं। जिनका वक्षस्थल रोमयुक्त होता है वे दुश्चरित्र होती हैं।

जिनका वक्ष-स्थल मांसहीन होता है वे विधवापन भोगने वाली होती हैं। जिसका वक्ष फैला होता है वह कलह से प्रेम करने वाली होती हैं। जिस नारी के हाथ में रक्त से गंभीर स्निग्ध चार रेखायें होती हैं वह परम सुख को प्राप्त करती हैं। जिस स्त्री की रेखायें कनिष्ठ अंगुली के मूल से प्रदेशिनी उंगली तक प्राप्त होती है, उस स्त्री की आयु सौ वर्ष होती है। तीक्ष्ण अग्रभाग वाली, कोमल त्वचा वाली और समान पर्व वाली उंगलियों से युक्त स्त्री भोग को बढ़ाने वाली होती हैं। खर, चक्र, विवर्णा आभा वाले सफेद और पीले नाखूनों से युक्त नारी अनाथ हो जाती हैं। रक्त मृदु और बिना छेद वाली उंगलियों वाले हाथ स्त्री ऐश्वर्यवान होती हैं। रूखे हाथ वाली कलहप्रिय होती हैं। जिन स्त्रियों के अंगूठे और

उगलियों के पर्वों में समान रेखा और वलय होते हैं वे नारियां अधिक धन-धान्य से युक्त होती हैं। जिनका मणिबन्ध अविच्छिन्न और तीन रेखाओं वाला होता है वे अधिक समय तक सुख उपभोग नहीं कर पातीं।

एक मात्र अपने पति की सेवा में लीन स्त्री सती कहलाती है। यदि ऐसी स्त्री उपवास करते हुए तृतीया के दिन लवण का त्याग कर देती है तो मरने के पश्चात् वह भगवती गौरी का आशीर्वाद पाती है। जिसके फलस्वरूप वह सुन्दर रूप सौभाग्य वाली, लावण्य वाली, होकर पतिप्रेमी होती है।

गौरी की कृपा से इस व्रत के दिन लवण का त्याग करने से पुरुष को मनोरमा स्त्री और स्त्री को मन रमाने वाला पुरुष प्राप्त होता है। एक बार भगवती उमा से धर्मराज से कहा था कि यह व्रत मनुष्यों को सौभाग्य प्रदान करने वाला होता है। जो नरियां इस व्रत को करेंगी वे अपने स्वामी के सांथ आनन्द करेंगी जैसा कि मैं शिव के साथ करती हूं। जो कन्याएं और सती अपना कोई उचित स्वामी नहीं प्राप्त कर पाती हैं, वे मेरा ध्यान करते हुए परम भक्ति और परिग्रह के साथ यदि यह व्रत करें तो उन्हें उचित लाभ मिलता है। सोने की गौरी की मूर्ति की स्थापना करके आभूषणों से सज्जित और सभी नैवेद्य प्रस्तुत करते हुए यथाविधि ब्रह्मा को दान देते हुए रात्रि में क्षार और लवण से रहित भोजन करते हुए नित्यप्रति गौरी की पूजा करते हुए जो स्त्रियां व्रत पालन करती हैं, उसके फल से अनन्त काल तक अपने पति के साथ आनन्द भोग करके अपनी सन्तान को प्रतिष्ठित करके अन्त में पति के साथ ही पुण्य लोक पाती हैं।

चतुर्थी व्रत के कल्प का वर्णन करते हुए सुमन्त मुनि ने बताया कि जो निराहार रहकर इस दिन व्रत करता है, ब्राह्मण को तिलों से युक्त अन्न का दान करता है और स्वयं भी तिल का ही भोजन करता है, इस प्रकार दो वर्ष तक तप में लीन रहता है, भगवान् श्री नारायण उस पर कृपा करते हैं और उसे उसका अभीष्ट फल प्रदान करते हैं। जिसके फलस्वरूप वह व्रत दिव्य शरीर, दिव्य यश, दिव्य वैभव युक्त, बुद्धिमान, वाक्पटु, भाग्यशाली, राजयोग से युक्त ऐश्वर्यवान होता है, वह वास्तव में प्रभु की

सम्पूर्ण अनुकम्पाओं का पात्र हो जाता है।

भगवान् विनायक ने किसका विघ्न किया था, जो उनका नाम विघ्नों का विनायक रखा गया। राजा के द्वारा यह पूछे जाने पर मुनि ने बताया कि पुरुषों के लिए कौमार में तथा स्त्रियों के सुकृत करने में विनायक विघ्नेश ने गांगेय का विघ्न किया था। कार्त्तिकेय ने उस विघ्न को जानकर क्रोध में उसके दांत उखाड़कर उसे मारने के लिए उद्यत हो गए। देवेश ने कार्त्तिकेय का निवारण करते हुए उसके क्रोध का कारण पूछा। इस पर कार्तिकेय ने उसके विघ्न डालने को स्पष्ट किया।

कार्त्तिकेय ने शिव को उसका लक्षण बताते हुए कहा कि उनके स्वयं हाथ में लक्षित कपाल के कारण ही वे कापालि कहे जाते हैं। शिव ने वह लक्ष ही समुद्र में फेंक दिया। वे देवों के समाज में प्रवृत्त हो गए। इससे ब्रह्म और रुद्र में विवाद खड़ा हो गया। दोनों एक से दूसरा स्वयं को बड़ा मानता था। तुम्हारी उत्पत्ति के बारे में कोई नहीं जानता, कहकर एक-दूसरे पर आरोप लगाते रहे। शिव के इस प्रकार कहते हुए देखकर ब्रह्मा का पांचवां सिर बोला, मैं तुमको जानता हूं। इससे कुपित होकर रुद्र ने अपने नाखून के अग्र भाग से कुतर लिया। वह उनके हाथ में ही ठहर गया। उस कटे हुए सिर को लिये हरि के समीप पहुंचे। जहां सिर कटा था वहां से एक श्वेत कुंडलधारी एक पुरुष उद्भूत हुआ। कवचधारी वह पुरुष अत्यन्त शक्तिशाली था। उसने ब्रह्मा से कहा कि अब मुझे आदेश दें, मैं क्या करूं? ब्रह्मा ने उससे कहा कि उस दुष्ट बुद्धि वाले को मार दो। वह तेजी से रुद्र-मार्ग में आकर बैठ गया। रुद्र विष्णु-तेज में प्रविष्ट हो गए।

इस प्रकार उन्हें प्रवेश करते और तप में लीन देखकर बैकुण्ठ में हरि नारायण की शरण में जान लिया। हरि ने उस पुरुष को इस प्रकार चिंतित देखकर उससे कहा, हे देव पुरुष! मेरी भुजा मूल से काट दो। उस पुरुष ने ऐसा ही किया। इस प्रकार वहां रक्त ऊपर को होता हुआ कपाल में गिर पड़ा। यहां से प्रदेशिनी में फैल गया। रुधिर के प्रति देवी की यह निवृत्ति हो गई। रुधिर में सृजन कर रुद्र ने रक्त कुंडलों वाले एक अन्य

नर को उत्पन्न किया। उसने रुद्र से पूछा कि मैं क्या करूं, इस प्रकार ब्रह्मा तथा रुद्र से बने दो रक्तकुंडलीय तथा श्वेत कुंडलीय नर परस्पर युद्धरत हो गए। इस घमासान युद्ध में किसी की भी विजय के लक्षण नहीं दिखलाई दे रहे थे। पृथ्वी इस भार से व्यथित हो रही थी। इस पर वाणी ने दोनों का अपने साथ अवतार ग्रहण करने का प्रस्ताव किया। जिस पर पृथ्वी को भार-मुक्त कर ये देवलोक को चले गए।

यहां एक का भार रवि को सौंप दिया। यह श्वेत कुंडल-युक्त पुरुष रवि द्वारा स्वीकार किया गया। रक्त-कुण्डल पुरुष को इन्द्र को सौंप दिया गया जिसे लेकर इन्द्र अपने सुरलोक चले गए। इसके बाद कमल पर आसीन देव ने रुद्र से भी कपाल में प्रवेश करने के लिए कहा और कहा काजल व्रत धारण कर वहीं स्थित रहो। इस व्रत का अवतार मनुष्य लोक में होगा। जो मनुष्य इस व्रत को धारण करेगा उसके लिए तीनों लोकों में सब कुछ सुलभ होगा। इसके पश्चात् बहुत संलाप करके सुमुख अभिनन्दन करके उसने समुद्र को बुलाकर कुछ भी विचार न करते हुए स्त्रियों का त्रिलक्षण लक्षण आमरण करने के लिए कहा और देव विनायक को विषाण से युक्त करने का आदेश दिया। मात्सर्य के साथ बाहुलेच ने देवेश से कहा, आपका आदेश शिरोधार्य है किन्तु जिस समय भी यह विषाण का त्याग करके विचरण करेगा, तभी यह भस्म हो जाएगा। कार्त्तिकेय ने विनायक को उसका विषाण सौंप दिया। आज इसीलिए विषाण युक्त विनायक की प्रतिमा दिखलाई पड़ती है।

इस कथा को जो कोई विद्वान वेद के परगामी ब्राह्मणों को सुनाता है, अपनी वृत्ति में स्थित क्षत्रियों को, गुणों से युक्त वैश्यों को एवं शूद्रों को सुनाता है। वह महा मनीषी सर्वसुख सुलभ करता है, उसके लिए इस जगत में ही नहीं परलोक में भी कुछ दुर्लभ नहीं रहता। न वह कभी दुर्गति को प्राप्त होता है और न कभी उसका पराभव या पतन होता है, सभी कार्यों में वह पुरुष बिना किसी विघ्न-बाधा के सफल होता है। यहां तक कि सभी रिद्धि-सिद्धियां उसके लिए श्री बुद्धिकारक होती हैं।

आगे नाग पंचमी कल्प का वृत्तान्त सुनाते हुए सुमन्तु मुनि ने राजा

शतानीक को बताया कि हे राजन्! यह पंचमी नागों का एक महान् उत्सव होती है, वासुकि, तक्षक, कालिय, मणिमद्रक, ऐरावत, धृतराष्ट्र, कर्कोटक, धनंजय आदि नाग प्राणों के जीवित-प्राणियों को प्रसन्न होकर अभय देते हैं। जो भक्त पंचमी तिथि को नागों को दूध से स्नान कराता है उनके कुल में नाग से अभय प्राप्त हो जाता है। नागमाता के शाप से शापित होने वाले प्राणी-गाय के दूध से यदि इन्हें स्नान कराते हैं, तो उनका शाप समाप्त हो जाता है। भक्ति एवं श्रद्धा से नागों का स्तवन करने वाले पुरुष के कुल में कभी सर्पों से हानि नहीं होती। कभी भय नहीं व्यापता। लेकिन जिन मनुष्यों को नाग-दंश सहना पड़ता है वे मृत्यु के पश्चात् नरक लोक में जाते हैं और बिना विष वाले सर्प के रूप में जन्म लेते हैं।

राजा शतानीक ने इस दंश से मुक्ति का उपाय जानने के लिए जब मुनि से पूछा तो सुमन्तु मुनि ने बताया कि दंश से मुक्ति का सहज उपाय है--नाग पंचमी व्रत और उपवास के साथ अनुष्ठान। इसके लिए भादों मास में कृष्ण पक्ष की पंचमी के दिन भी बड़ा महत्त्व है, इसका सेवन करना चाहिए। वर्ष भर में बारह पंचमी होती हैं, इस व्रत के अनुष्ठान के लिए चतुर्थी के दिन रात्रि में सोने से रची गई चित्रमय अथवा काष्ठ की बनी या मिट्टी की नाग-मूर्ति बनानी चाहिए। नागों के पंचक में पंचमी के रोज भक्ति एवं श्रद्धापूर्वक अपनी अर्चना करनी चाहिए। करबीर, शतपत्र और जाति पुष्पों से पूजन करना चाहिए। चन्दन-धूप आदि से उपचार करना चाहिए। तत्पश्चात् घी मिले दूध और लड्डुओं से ब्राह्मण को भोज कराना चाहिए। अनन्त, वासुकि, शंख, पद्म, कम्बल, कर्कोटक, अश्वतर, धृतराष्ट्र, शंखपाल, कालिय, तक्षक और पिंगल, ये बारह नाग एक-एक मास में बताए हैं। जब बारह मास पूर्ण हो जाएं और प्रत्येक नाग का अर्चन हो जाए तो सम्यक् रूप से अनुष्ठान का पालन करें और विधिपूर्वक ब्राह्मणों को भोजन कराएं। इतिहास के ज्ञाता और अर्चना वाचन करने वाले ब्राह्मण को गैरिक से रचे नाग दान में देने चाहिए। इस प्रकार अनुष्ठान पूर्ण करने पर जो व्यक्ति व्रत करता हुआ कथा का श्रवण करता है, उसे किसी भी प्रकार नागों का भय नहीं रहता।

अनेक धातुएं अनेक विष लक्षणों से युक्त होती हैं, उनके लिए नियत औषधियां हैं जिनके प्रयोग से विष को प्रभाव समाप्त किया जा सकता है। इस संदर्भ में कश्यप मुनि ने बताया कि सविषा दाढ़ यमदूती होती है, उससे जो काट लिया जाता है, वह प्राण घातक हो जाता है, नाग जो विचार कर दंश देते हैं वह काल को प्राप्त होता है अर्थात् उसकी मृत्यु निश्चित है। बाल के अग्रभाग के समान जल उद्धत बूंद गिरती है, उतना ही सर्प की दाढ़ दारुण विष का संक्रमण करती है, यह एक क्षण में ही मस्तक में पहुंचकर मनुष्य को कम्पायमान कर देता है जैसे तेल की बूंद पानी में पड़कर फैल जाती है उसी प्रकार विष भी मनुष्य के रक्त में मिलकर पूरे शरीर में व्याप्त हो जाता है। आश्रय की प्राप्ति कर यह वेग से बढ़ता है। त्वचा से फैला यह विष रक्त में चौगुना मज्जा में आठ गुना, पित्त में तिगुना, कफ में सोलह गुना, वायु में तीस गुना फैलकर पूरे शरीर को पीड़ित करता है। कानों से निरुध्यमान हो जाने पर यह विष व्यक्ति को मरणासन्न दशा तक पहुंचा देता है। जीवात्मा शरीर से निष्क्रमित हो जाता है, शरीर के पंचभूत अपने-अपने तत्त्व में मिल जाते हैं।

राजा शतानीक को यह वृत्तान्त सुनाते हुए सुमन्तु मुनि ने बताया, हे राजन्! संसार में जो भी प्राणी आया है उसकी मृत्यु अवश्यम्भावी है, फिर भी विष से दंशित व्यक्ति की उपेक्षा नहीं करनी चाहिए, यथाशीघ्र उसकी पूरी चिकित्सा करनी चाहिए। एक में होने वाला विष दूसरे में भी पहुंच जाता है, यह विष स्थावर लक्ष्य और अनेक प्रकार का होता है। इसकी विकास-दशा इस प्रकार है—पहले रोमांच हो आता है, फिर पसीना आने लगता है, तीसरे स्तर पर शरीर नीला पड़ने लगता है, चौथे स्तर का कान सुस्त पड़ जाते हैं, सुनाई देना बन्द हो जाता है और अन्तिम दशा में प्राण ही निष्क्रमित हो जाते हैं। वैनतेय ने ऐसा ही उल्लेख किया है।

इसका यही उपचार है कि जिस सर्प से काटा है उसे आक की जड़, प्रियुंग तथा तगर इन तीनों को घिस कर देना चाहिए। इससे लाभ होता है। यदि ऐसा करने पर भी विष से मुक्ति ने मिले तो उस स्थान ने विष सीधे रक्त में मिल जाता है जिसके कारण मूर्च्छा, दाह तथा शीतल

हो जाता है। ऐसा लगने पर समझना चाहिए कि विष रक्त में प्रवेश कर गया है। इसके लिए उशीर, चंदन, कुष्ठ, उत्पल, महाकाल, सिन्धुवार, नग मूल, हिगेल, मरिच आदि का सेवन कराना चाहिए। पूर्ण वेग में ही ये लाभकारी हैं। दूसरी दशा में वृहती, वृश्चिका, काली, इन्द्र वाणी जड़ी का मूल और सप्तगन्ध, घृत देना चाहिए। तीसरी दशा में रोगी को सिंधु कार और हिंगु कराना चाहिए। इसका पान करें तथा अंजन और लेपन करें।

इसके पश्चात् विष पित्त में प्रवेश कर जाता है। इस दशा में व्यक्ति उठता है, कभी गिरता है, वह भीतर-ही-भीतर एक दाहक अनुभव करता है, एक बेचैनी अनुभव करता है। इस दशा में उसे सब कुछ पीला ही दीखता है, उसका शरीर भी पीला पड़ता जाता है। उस समय विष की क्रिया करने से लाभ होता है। इसके लिए पीपल, मधुक, मधुखंड, घृत-मधुसार, अलावू, इन्द्रवारुणी का मूल, जातिशंकर बालुका गाय के दूध में देना लाभकारी होता है। पान का लेप भी करना चाहिए, इससे भी लाभ हो सकता है। एक समय में पहुंचने पर गात्र रुद्ध हो जाता है, दम घुटने लगता है। इसके लिए श्लेष्मांतक, त्रिकुटि, शीघ्र मधु साकर सम भाग लेकर गाय के पेशाब में मिलाकर पीसकर पिलाना चाहिए लेपन भी करना चाहिए। इससे लाभ होता है। श्लेष्मा के स्थान से विष वायु के स्थान में पहुंच जाता है। इस दशा में पेट पर अफारा आ जाता है, आंख से दिखाई नहीं देता, इसके उपाय-स्वरूप देवदार, मधूकक मधुकसार, शोभामूल, प्रियास, रक्तगज, पिघली भारंगी, बच, पीपल, सह सिंधुसार और हींग पीसकर गोली बना लेनी चाहिए। इसी का सेवन करें और लेपन का अंजन कराएं। ऐसा उपाय करने से पूर्ण लाभ होता है।

इसके पश्चात् विष मज्जा में प्रवेश करता है। ऐसे में दृष्टि बन्द हो जाती है, व्यक्ति तड़पने लगता है, मृत्यु को सन्निकट देखता है। उपचार के लिए घी, शहद, शक्कर मिला उशीर तथा चन्दन घोट-पीसकर देना चाहिए। इसका पान कराना चाहिए तथा नाम से भी नस्य देना चाहिए। ऐसे उपचार से ही सर्प का दंश नष्ट हो सकता है।

धर्म-स्थान में पहुंचकर विष श्रवण-घात करता है। सुनना बन्द हो जाता है, चेष्टाहीन होकर रोगी भूमि पर अचेत गिर पड़ता है, जल के छींटे से भी उसे रोमांच नहीं होता डंडे से पीटने पर निशान तक नहीं पड़ते, शरीर छेदन पर रक्त नहीं निकलता, ऐसी मृत दशा होती है। ऐसी दशा में उसे मरा नहीं समझना चाहिए बल्कि मयूर चंन पित्ता, मार्जार का पित्ता, गध नाड़ी का मूल, कुकुक, तगर, कुष्ट कासमर्द की छाल, उत्पल का किंजलक, पद्म और कुमुद के किजलक को मिलाकर गाय के मूत्र में पीसकर देना चाहिए उससे लेपन करना चाहिए। यह जिसके हाथ में होता, वह सर्प दंश का व्यथित व्यक्ति मरता नहीं है। काल सर्प का दंश भी इसे उतर जाता है। यह मृत संजीवनी औषध है।

इससे आगे स्कन्द-पूजा वर्णन का उल्लेख करते हुए मुनि ने बताया कि छठी तिथि में फलों का भोजन करने वाला, विशेषकर कार्तिक मास में, व्यक्ति राज्य च्युत भी हो गया है तो वह उसे पुन: प्राप्त कर लेता है। यह तिथि भगवान् कार्त्तिकेय की प्रिय तिथि है। शिव के ज्येष्ठ पुत्र स्कन्द इस तिथि के दिन ही देव सेना के अधिपति बने थे। इस तिथि के दिन कार्त्तिकेय को अर्घ्य देकर दक्षिण दिशा को मुंह करके दधि घी उदक द्वारा 'हे सप्तर्षिदारज! हे स्कन्ध! हे स्वाहा पति! समुद्भव! हे रुदाय मन्निज! हे विभो! हे गंगागर्म! आपके लिए मेरा नमस्कार। आंप मेरा मनोरथ पूरा करें, कहते हुए दान करके ब्राह्मण को भोजन वस्त्रादि से प्रसन्न करना चाहिए। यह व्रत अत्यन्त समृद्धि को देने वाला सभी मनोकामनाएं पूरी करने वाला है।

षष्ठी कल्प में ब्राह्मण के विवेक का वर्णन करते हुए सुमन्तु मुनि ने कहा, ब्रह्मा जी ने कहा है ब्राह्मण, किसान, क्षत्रिय और वैश्य वेद का अध्ययन करके ब्रह्माण्ड को प्राप्त कर लेते हैं। रावण राक्षस, व्यास, चंडाल, हास, लुब्धक आदि ने भी वेद-पाठन करके सद्गति प्राप्त की थी। शूद्र लोग दूसरे देश में जाकर क्षत्रिय का आश्रय पाकर वैश्य को तुल्य व्यापार करते हुए ब्राह्मण पद प्राप्त कर लेते हैं। सभी वेदों का अध्ययन अथवा एक वेद का अध्ययन करके शूद्र, ब्राह्मण की कन्या से

विवाह करते हैं। क्षत्रिय वेद-अध्ययन करके अथवा वैश्य दाक्षिणात्यजा गौड पूर्ण जाति को प्राप्त हुआ। शूद्रत्व का ध्यान किये बिना स्वेच्छा से ब्रह्म को प्राप्त हुए। इस प्रकार वेद का अध्ययन भेद समाप्त हो जाया करता है। किन्तु वेद-वेदांगों का अध्ययन कर लेने के पश्चात् भी जो व्यक्ति आधार से ऊपर नहीं उठ पाता वे अपवित्र ही बने रहते हैं। वेदाध्ययन एक दिव्य कला है, चरित्र ही ब्राह्मण का लक्षण है।

यदि ज्ञानी होकर भी ब्राह्मण कर्म-पतित होता है तो वह किसी भी कर्मकांड, अनुष्ठान कराने के योग्य नहीं माना जाता जैसे स्त्री रत्न के समान है किन्तु नपुंसक उससे कुछ भी कार्य सम्पादित नहीं करा सकता अतः व्यक्ति को ज्ञानार्जन तथा कर्म में उदात्तता का आचरण मुख्य वेदोत्तम लक्षण हैं और यह शक्ति वह कर्म में निष्ठा से अर्जित करता है।

मनुष्य को दुर्वचन नहीं बोलने चाहिए, इस प्रकार के आचरण से शूद्र और ब्राह्मण में भेद नहीं रहता। शाप या अनुग्रह शक्ति का भेद नहीं होता है। आत्म-दुःख के उदय का उपाय तथा अपने जीवों में रक्षण करना जैसी प्रवृत्तियों में शूद्र के समान, ब्राह्मण भी असमर्थ होता है। अतः ये दोनों ही क्रियाएं, इनकी सामर्थ्य, अध्यात्म विषय का ज्ञान ब्रह्म साधन है। अशक्त चित्त वाले तथा मोह से ग्रस्त लोग ही पतंगे के समान नष्ट हो जाते हैं। इसी कारण जाति का धर्म श्रुति के संगम से विप्र जाति में ही सुलभ हो जाता है।

यह संस्कार योनि साध्य होता है। विप्रों के पांच लक्षण होते हैं अतः अपने अन्तःकरण और शरीर की वृत्ति में स्थित रहने वाला जो श्रुति के योग को पाकर उदित होता है, वह अनन्य वेद का ज्ञानी-स्वरूप अन्यों के द्वारा नहीं जाना जा सकता। द्विज और शूद्र का नाम भी न आध्यात्मिक होता है और ब्राह्म निमित्तिक भी नहीं, संसार से ही वह सुलभ है प्रत्यक्ष में कोई विशेष भेद नहीं। न वीर्य में, न आकृति में, न व्यापार में, न अक्ष, में, न आयु में, न अंग में, न दुर्बलता में, न स्थिरता में, न चपलता में। हां, प्रज्ञा, वैराग्य, धर्म, पराक्रम, त्रिवर्ग, निपुणता में भेद दृष्टिगत होता है। स्त्री के गर्भ से कोई भेद नहीं ब्राह्मण, क्षत्रिय, वैश्य या शूद्र समान ही

होते हैं, तो फिर भेद कहां और कैसे उत्पन्न होता है? समस्त प्रजा का स्वामी एक है, तो यह भेद निश्चय ही चिन्ता का विषय है। कौशिक, कश्यप, वशिष्ठ, गौतम, कौल्डिन्य, माण्डव्य, मौदगल्य, भार्गव आदि गोत्र तथा प्रजापतियां, मैथुन से पुत्र भाव वाले समान शिल्प के होते हैं। पृथ्वी, जल, अग्नि, वायु आकाश के परिभावों में भी कोई विशेषता न होने से सभी प्राणियों की देह में ब्राह्मणत्व का प्रसंग विद्यमान होता है। अतः कहा जा सकता है कि ब्राह्मण देह में नहीं होता, लोग देह में ही विप्रत्व या द्विजत्व मान लेते हैं जबकि ऐसा नहीं है।

सप्तमी कला में व्रतोपवास आदि का वृत्त सुनाते हुए मुनि ने आगे कहा कि जो व्यक्ति पंचमी को एक समय भोजन करके, षष्ठी का उपवास करें तथा सप्तमी में व्रत रखकर सांध्यकाल में पूजा-अर्चना सम्पन्न करके रात्रि में भोजन करता है, भक्ष्य भोजन ग्रहण करता है और अनन्तर मौन रहता है, इससे श्री वृद्धि तथा त्रिवर्ग की प्राप्ति सुलभ होती है। मृत होने पर वह व्यक्ति स्वर्ग का अधिकारी होता है।

हे राजन्! तृतीया, पंचमी, षष्ठी, सप्तमी तथा नवमी तिथियां कामनाओं को पूर्ण करने वाली होती हैं। इन तिथियों की अलग-अलग महीनों में अपना अलग वैशिष्ट्य भी होता है। माघ मास की सप्तमी, आश्विनी मास की नवमी, भादों मास की षष्ठी तथा पंचमी और वैशाख तृतीया का बड़ा माहात्म्य है। इसमें जो व्यक्ति विधिपूर्वक व्रत-नियम का पालन करता हुआ श्रद्धापूर्वक ब्राह्मण को दानादि से तुष्ट करके स्वयं पश्चात् रात्रि में भोजन करता है वह पुण्य को अर्जित करता है। कार्तिक मास में यह तिथि शुक्लपक्ष की ग्रहण करनी चाहिए। पंचगव्य से स्नान करके उसी का भोजन ग्रहण करने से अत्यन्त लाभ होता है। शुभशाक से समायुक्त द्वितीयपारण में शुभगन्ध, तृतीय पारण में करबीर के पुष्प उचित हैं। आगे, सप्तमी कल्प का विस्तार से वर्णन करते हुए मुनि ने बताया कि एक बार साम्ब ने जगत् गुरु वासुदेव का विधिपूर्वक आह्वान किया, भक्तिपूर्वक उन्हें प्रणाम किया और पूछा कि लोक तथा परलोक का उत्तम ज्ञान क्या है? संसार में उत्पन्न जीव किस प्रकार सांसारिक दुःखों से मुक्त रहकर

अपनी नेक कामनाएं पूरी करता है? साम्ब जरायु से पीड़ित, वैराग्य में रुचि रखता हुआ, संसार में मोह रखता हुआ भी मुक्ति का उपाय पूछने लगा तो वासुदेव भगवान ने कहा, वत्स! देवता का अन्य प्रसाद सर्वश्रेष्ठ होता है, यही सब शाश्वत एवं नित्य उपाय है, अनुमान तथा आगम के द्वारा जो बुद्धि व्यक्ति को प्राप्त है, उसी के प्रयोग से, देवता के सम्यक्, आराधन से ही अभीष्ट फल की प्राप्ति होती है।

यद्यपि कुछ जन देवताओं में विश्वास नहीं रखते किन्तु फिर भी अनुमान को प्रमाण मानते हुए देवताओं का अस्तित्व स्वीकारा गया है। ये कभी भी प्रत्यक्ष प्रमाण द्वारा उपलब्ध नहीं होते, अनुमान तथा आगम द्वारा ही इनका अस्तित्व सिद्ध होता है। प्रत्यक्ष देवता भगवान् सूर्य हैं। ये ही दिन का सृजन करने वाले तथा जगत के नेत्र हैं। ये ही नित्य एवं निरन्तर रहने वाले हैं। सभी नक्षत्र, योग, राशियां, रुद्र, अश्विनी कुमार, वायु, अग्नि, शुक्र प्रजापति, समस्त भू, भुवः, बाग, नदियां, समुद्र आदि भूतों के समुदाय में हेतु स्वयं दिवाकर सूर्य ही हैं।

इन्हीं की इच्छा से यह सारा चराचर जगत् अस्तित्ववाभ होता है। इन्हीं के प्रसाद से यह स्थिर है, अर्थ में प्रवृत्त है, चेष्टाशील है, इनके उदय होने पर ही सबका उदय होता है और अस्त होने पर सब सुसंगत हो जाते हैं। इसके अदृश्य हो जाने पर कुछ भी दृष्टिगत नहीं होता। इससे अधिक प्रत्यक्ष न कोई है, न हो सकता है। वेदों में परंपरा से, पुराणों में अन्तरात्मा से बाह्य आत्मा सुषुम्नास्थ और जाग्रत स्थिर होकर जाना जाता है।

जब यह अदृश्य हो जाता है तो वह अस्ताचल को चला जाता है। इससे ऊपर कोई देवता नहीं, न आगे कभी भविष्य में होगा। इससे रहित कुछ भी नहीं, यह दिवाकर गुणों का आकार है इसीलिए गुणाकर कहलाता है। मत्स्य आदि सभी इस महेश्वर से जन्में, तीनों समय–प्रातः मध्याह काल तथा साध्य काल में जो इसकी पूजा करता है, वह परम गति को प्राप्त होता है। इसके मंडल में रहने वाला यदि परमार्थ से जय करता है तो उसका माहात्म्य तो अवर्णनीय है। उसे विविध प्रकार की सिद्धियां हो जाती हैं।

मंडल में स्थित इस देव को और अपने देह में व्यवस्थित इस प्रकार से अपनी बुद्धि से जो देखा करता है, वही वस्तुतः देखता है। इसी प्रकार ध्यानपूर्वक जप, तप, आराधना, पूजा करने वाला अभीष्ट फल प्राप्त करता है। धर्मध्वज की प्राप्ति करता है। तुम भी यदि दुःखों का अन्त, लोक में सुख उपभोग तथा परलोक में शाश्वती मुक्ति जन्म-मरण के आवागमन से मुक्ति चाहते हों तो सूर्य की आराधना करो। मंत्र द्वारा तदात्मा अंगों से प्रार्थना करो। अभीष्ट फल की प्राप्ति होगी और आधिदैविक, आध्यात्मिक तथा आधिभौमिक दुःख कभी अपनी उग्रता में प्रभावित नहीं करेंगे। जो भी पुरुष भगवान दिवाकर की शरण में आ गए हैं उन्हें कभी कोई भय नहीं व्यापता है, सदैव सुख प्राप्त होता है। यह साक्षात् ज्ञान वासुदेव को साक्षात् सूर्य से ही प्राप्त हुआ था। यह संक्षेप में बताते हुए वासुदेव ने सब को तुष्ट किया। किसी भी शरीर धारी के लिए इससे बेहतर अन्य कोई भी हित प्रदान वाला उपाय नहीं है।

आदित्य के नित्य आराधन की विधि का वर्णन करते हुए भगवान् वासुदेव ने धर्म केतु की उत्तम अर्चना का रहस्य समझाते हुए कहा कि यह विधान सभी कामनाओं को पूर्ण करने वाला, पापों का नाश करने वाला होता है। सूर्य के मंत्रों द्वारा सर्वप्रथम स्नान करके उससे ही भास्कर यजन करते हुए नीराजन करना चाहिए तब जल का संशोधन करना चाहिए। स्नान में हृदय पूत मंत्र से उठकर आचमन करके उसी वस्त्रों का परिधान करते हुए दो बार आचमन करके संप्रेक्षण करना चाहिए। आचमन करके उसी मंत्र से सूर्य को अर्ध्य देना चाहिए। जप करते हुए शुभ अर्क आयतन में पहुंचकर आर्कीतनु का यजन करना चाहिए तत्पश्चात् पूरक, कुम्भक तथा रोचक प्राणायाम करने चाहिए इससे यह फल होता है कि कायादि में होने वाले सभी दोषों का दमन हो जाता है।

इसके पश्चात् आत्मा की सिद्धि के लिए वाच्य, आग्नेय, माहेन्द्र, वारुनी, दिशाओं में यथाक्रम जल से अपने किल्विषों का नाश करें, अग्नि वायु, जल, इन्द्र नाम वाली धारणाओं द्वारा शोषण दहन, स्तम्भन, प्लावन करने पर विशुद्ध आत्मा का ध्यान करके सभास्थित भगवान अर्क को

प्रणाम करना चाहिए। पंचभूत मय को इस देह का संचिंतन करना चाहिए। सूक्ष्म, स्थूल को तथा आंखों को केन्द्रित करते हृदय में समाधिस्थ होकर विन्यास करते हुए भानु के हृदय को अर्काय शिरः अर्कस्य शिला उल्ला स्वाहा का न्याय करना चाहिए। **यै च हुं कवचं परमं खां फट् अस्त्रम्**, इस तरह संहार करें तथा प्रणव का ध्यान करें। मंत्र-शुद्धि के निमित्त तीन बार जल छिड़कें। गन्ध-पुष्प-अक्षत आदि के द्वारा सूर्य का पूजन करें समस्त मूर्तियों का रात्रि अग्नि में पूजन करें।

प्रातः, सायं एवं रात्रि में पूर्व, पश्चिम तथा उत्तर दिशा में, पद्म कर्णिका तथा सप्ताक्षर द्वारा सन्मत्र का जाप करें। आदित्य मण्डल के अन्दर स्थिर वहां देह भी प्रकल्पित करें। यह देह समस्त लक्षणों से भी पूर्ण तथा सहस्त्र किरणों से परमोज्जवल है। एक गन्ध पुष्प, पुष्प, चरु तथा वालियों से तथा रक्त चंदन से मिश्रित वस्त्रों आभूषणों से युक्त हैं। मन्त्रोच्चार द्वारा एक स्थान पर स्थापना करें और जब तक योग की पूर्णता हो वहां निधान की कल्पना करें। पाठ आदि की पूजा करके शक्ति से अर्ध्य दे। विधिपूर्वक जप करके देवी का विसर्जन करें।

इस प्रकार भगवान् आदित्य को पद्म आवरण में कर्णिका स्थित करें और पद्म के दलों में अंगों को स्थापित करें। पूर्व से सोम आदि ग्रहों को लेकर राहुपर्यन्त सबकी प्रतिष्ठा करें, उत्तर से मूर्त्तिमान लोकपालों को, संस्थित करें। क्रम से आवरणों में उनके अस्त्रों की रक्षा के लिए अपने मंत्रों के द्वारा क्रम से पूजन करते हुए प्रणव तथा अभिधानों से युक्त चतुर्थी विभक्ति लगाकर नियोजित मंत्रोच्चरण करें। समस्त कर्मों की सिद्धि के लिए योग, मुद्रा, निशि, पद्मा, महाश्वेता और अस्त्र मुद्राओं से दोनों हाथों को ऊंचा करके अंगुलियों को ग्रन्थित करके ध्यान करें। यह मुद्रा द्रव्यों के शोधन करने में विशेष रूप से रक्षा के लिए योजित की जाती है। इस प्रकार जप-तप और ध्यानावस्थित होते हुए आत्मा की शुद्धि होती है और जो एक वर्ष पर्यन्त यह जप-तप करता है, उसी को अभीष्ट फल की प्राप्ति होती है।

रोग से पीड़ित रोग-मुक्त हो जाता है। निर्धन धन का लाभ करता

है, राज्य-भ्रष्ट राज्य पा जाता है। अपुत्र पुत्र की प्राप्ति करता है, प्रज्ञा मेघा और समृद्धि को प्राप्त होता है। मनुष्य लम्बी आयु को प्राप्त होता है, पुरुष को सुन्दर कुलीन स्त्री तथा स्त्री को साहसी तथा सच्चरित्र पुरुष प्राप्त होता है। विद्याहीन विद्या को पा जाता है, यह नित्य ही करने वाला भाग्यशाली हो जाता है भक्ति से, श्रद्धा से यह अनुष्ठान करने वाला पुण्यात्मा मनुष्य स्वर्ग का अधिकारी होकर दिव्य स्थान को प्राप्त होता है। मनुपद को प्राप्त करता है।

आदित्य के नैमित्तिक आराधन के क्रम में सप्तमी व्रत का बहुत अधिक महत्त्व है। यह नैमित्तिक आराधन विशेष रूप से सप्तमी के दिन सम्पन्न होता है। इसके ग्रहण में तथा विशेषकर संक्रान्ति में और शुक्ल पक्ष की सप्तमी के दिन एक बार हरि-भोज करके वासना को प्रणाम करके भूमिशयन करते हुए–मंत्र-जप के द्वारा सूर्याग्नि परिकल्पित करके सम्पन्न होता है। इससे सुवा आदि का परिमार्जन करके पर्याग्निकरण करके तीन बार तीन प्रकार से आख्योत हवन करें, दर्भों से सप्रोक्षण करें। अग्नि में हवन करें। दक्षिण हाथ से स्रुवा ग्रहण करके बुध को पावक में हवन करते हुए पूर्व-कथित समस्त क्रिया में हृदय सम्पन्न करना चाहिए। अर्क से आरम्भ करके संज्ञार्थ चुपचाप स्थित होकर आहुतियां देकर वरुण का यजन करना चाहिए। शक्ति और सामर्थ्य के अनुरूप ब्राह्मणों को खण्डवेष्टकों को दान करना चाहिए। दक्षिणा देनी चाहिए। इस प्रकार भक्त को इसका मनोवांछित फल प्राप्त होता है।

इसी तरह फाल्गुन मास में, चैत्र तथा वैशाख मास में सूर्य का यजन करना चाहिए। वैशाख में धाता इन्द्र था, ज्येष्ठ में रवि का पूजन करना चाहिए, आषाढ़-श्रावण में नभ का, भाद्रपद मास में यम का, मार्गशीर्ष में मित्र का, पौष में विष्णु का यजन करना चाहिए। आश्विन में पर्जन्य का, कार्त्तिक में त्वष्टा का यजन करते हुए वर्ष के पश्चात् धारण करने वाले भक्त को सर्व दुर्लभ फलों की प्राप्ति होती है, यश श्री की वृद्धि होती है।

माघ शुक्ला सप्तमी के माहात्म्य तथा व्रत के यजन की विधि का

वर्णन करते हुए वासुदेव ने बताया कि माघ मास की शुक्ला पंचमी को एक समय भोजन करके षष्ठी में रात्रि में भोजन करके, सप्तमी को उपवास का विधान है, कुछ विद्वान षष्ठी को भी व्रत का विधान बताते हैं। इस दिन व्रत-उपवास करके भास्कर की पूजा करनी चाहिए, यह रक्त चंदन तथा करवीर के पुष्पों से सम्पन्न होनी चाहिए। स्वयं शंकर गुग्गल तथा सयाव से रवि का पूजन करें। इसी प्रकार रवि पूजन माघ आदि चारों मास में करना चाहिए। अपनी आत्मा की शुद्धि के लिए गोमय का सेवन भी करना चाहिए। यहां गोबर से ही स्नान बताया गया है तत्पश्चात् यथाशक्ति ब्राह्मणों को भोजनादि कराकर दक्षिणा देकर तुष्ट करना चाहिए।

ज्येष्ठ माघ में श्वेत चन्दन से अर्चन करना चाहिए। पुष्प भी सफेद ही होने चाहिए। कृष्ण अगरु का धूप तथा नैवेद्य के लिए पावस का विधान बताया गया है, पंचगव्य का प्राशन तथा उसी से स्नान करना चाहिए। कार्तिक मास में अगस्त्य के फूल, गुड़ का नैवेद्य होना चाहिए। इस प्रकार रक्षा के रूप में जानी जाने वाली सप्तमी बहुत महालय वाली है। धन की सिद्धि, विद्या पुत्र देने वाली है। इसका पूजन करने वाला भक्त चन्द्रमा के समान अर्चि वाला होता है।

सूर्य के योग के माहात्म्य का वर्णन करते हुए सुमन्तु मुनि ने शतानीक को बताया कि एक, अक्षर, सद् और असत् में महान् भेद और अभेद के रूप में स्थित, परधाम रवि का प्रणिपात करना चाहिए मैं रवि को प्रणाम करके तुम्हें बताता हूं, महात्मा विरंचि ने एक बार कुछ ऋषियों की जिज्ञासा देखकर यह वृत इस प्रकार सुनाया था कि सविता की आराधना करने के लिए स्वयं ब्रह्मा ने ब्रह्म पर योग के अनुरूप समस्त वृत्तियों के सनरोध से कैवल्य का प्रतिपादक योग कहते हुए, जिसे अनेक जन्म बीत जाने पर भी बड़ी कठिनाई से प्राप्त किया जाता है, जो मनुष्य की इन्द्रियों को हठात् खींच लेने वाली वृत्तियां हैं, इन्हें जीतने का उपाय स्वरूप बताते हुए कहा कि ऐसा योग केवल योग ही है। मानवों के हित की कामना से तमाम ऐषणाओं से मुक्त होकर विश्व के स्वामी दिवाकर

की आराधना ही इसका एक मात्र उपाय है। ब्रह्म आलम्बन की अपेक्षा, जगत के स्वामी की पूजा और आराधना ही इसका एकमात्र उपाय है।

इसके लिए व्रत, उपवास, ब्राह्मणों के तर्पण द्वारा चित्त की शान्ति और अनुष्ठान से ही मनुष्य समस्त सांसारिक कष्टों से मुक्ति पाता है और जो भक्त विधि-विधानपूर्वक एकनिष्ठ मन-वचन और बुद्धि से एक मात्र भास्कर का आश्रय ग्रहण करके उसी के प्रति समर्पित हो जाता है और वह क्षय का कर्त्ता अक्षर ब्रह्म-प्रधान पुरुष, परों का भी परमपर और सुमनसों का पर बहु एक ही है और यह सब जिससे यह भिन्न होकर मनुष्यों की भलाई के लिए क्रियायोग में पारायण ऐसी मुक्ति के साधकों ने यही वर्णन किया है और योग शास्त्री में भी यही मिलता है कि सकल जगत के स्वामी आदित्य भास्कर का विधिवत् अनुष्ठान करने में तत्पर भक्त आराधना के द्वारा सर्व दुर्लभ मोक्ष को प्राप्त होते हैं। ये भगवान् भास्कर समस्त पापों को हरने वाले हैं। इन्हीं के परम श्रेष्ठ रहस्य का श्रवण करना चाहिए। जो इस परम श्रेष्ठ रहस्य का श्रवण करते हैं उन सभी का कल्याण होता है। जन्म और मृत्यु इस संसार के महान् ग्राह हैं और भगवान भास्कर का आश्रय ही इनसे पार कराता है।

जो अव्यक्त कारण है, वह नित्य सत् और असत् रूप वाला है। तत्त्व चिन्तन करने वाले पुराण इन्हें प्रधान और प्रकृति कहते हैं। गंध वर्ण रस से हीन, शब्द स्पर्श से विवर्जित, जगत की योनि और महद् भूत और सनातन परब्रह्म हैं। यही आदि और अन्त से रहित समस्त भूतों का निग्रह अव्यक्त, सूक्ष्म, त्रिगुणात्मक है। जिसका कोई आकार नहीं। उसी से यह जगत व्याप्त है। यही चतुर्मुख के ब्रह्मत्व में और कालकत्व में निहित होता है। सहस मूर्धा वाला पुरुष, जिसकी तीन अवस्थाएं होती हैं, ब्रह्मत्व में सत और रज कालत्व में रज और तम और स्वयं के रूप में सात्त्विक गुण विद्यमान होता है। ब्रह्म रूप से यह लोक का निर्माण, काल में संक्षेप और स्वयम् रूप से उनको स्थित रखता है।

इसी प्रकार प्रजापति की तीन अवस्थाएं होती हैं और इनमें वह स्वयं ही सृजन, ग्रसन और वीक्षण किया करता है। स्वयं से सबसे पहले

हिरण्यगर्भ का जन्म और आदिदेव होने के कारण इसे अज नाम से पुकारा गया। यह देवों में सबसे बड़ा देव है इसलिए महादेव कहा जाता है। लोक का सर्वेश होने के कारण ईश्वर, वृहत् होने से ब्रह्मा तथा भवत्व होने के कारण भव और प्रजा का पालन करने के कारण प्रजापति कहलाया गया। अपूर्व होने और जन्म का कारण न होने के कारण इसका नाम स्वयं पड़ा। हिरण्य अंड में रहने वाला है और दिवस्पति देवों का स्वामी है, इसीलिए यह देवों का भी देव दिवाकर कहा गया।

तत्त्वों को देखने वाले महर्षियों ने जल को नार की संज्ञा दी है और वे ही जल उसके निवास के स्थान हैं। इस कारण नारायण कहा गया है। पहले कुछ एकार्णव में स्थावर और जंगम सबके कष्ट हो जाने पर नारायण नाम वाला पुरुष जल में निवास करता है। वह हजारों सिरों वाला, नेत्रों वाला, पैरों वाला और सुन्दर मन वाला है। प्रथम प्रजापति हजार बांहों वाला है। यही त्रयी पक्ष में पुरुष कहा जाता है। आदित्य के समान वर्ण वाला इस भुवन का रक्षक एक पुराण पुरुष अपूर्व है। महात्मा हिरण्यगर्भ पुरुषोत्तम से परे होता है।

रविवार के माहात्म्य का वर्णन और व्रत कल्प का वर्णन करते हुए कहा, जो मनुष्य रविवार के दिन सूर्य-पूजन करते हैं, स्नान तथा दान आदि के कर्म करते हैं और उससे युक्त सप्तमी तिथि, जिसका नाम विजया भी कहा गया है, उसकी पुण्यता का वर्णन करते हुए ब्रह्माजी ने बताया कि ऐसे जन, रविवार के दिन श्राद्ध करके सात जन्मों तक रोगमुक्त रहा करते हैं, जो जन सूर्यजाप करते हैं और रात्रि पर्यन्त व्रत, अनुष्ठान करते हैं, वे इस लोक में पूर्ण आरोग्य प्राप्त करके सूर्यलोक को प्राप्त होते हैं। जो रविवार के दिन सदैव उपवास करते हैं वे भी सूर्यलोक की प्राप्ति करते हैं। जो महाश्वेता को जपते हैं वे अपने इच्छित फल की प्राप्ति करते हैं। वे जो चाहते हैं वही उन्हें मिल जाता है। एक अहोरात्र में केवल रात्रि के समय अथवा तीन रात्रियों में नियम से महाश्वेता का जाप करने से अपने इच्छित फल की प्राप्ति होती है और विशेष रूप से रविवार के दिन इसका बड़ा महात्म्य है। षडक्षर तथा श्वेता का जाप करने

वाला वैरोचन पद को पाता है।

महात्मा आदित्य के दरबार में द्वादश वार कहे गए हैं, नन्दा, जयजयन्त, विजय, महाश्वेता आदि उनके नाम हैं। माघ मास की शुक्ल पक्ष की षष्ठी तिथि में किए गए व्रत अनुष्ठान से भक्त सभी प्रकार के पापों के भय से मुक्त हो जाता है और राजा होता है। रात्रि के समय घी से सूर्य को स्नान कराने से महत पुण्य होता है। अमस्त्य पुष्प सूर्य को अत्यन्त प्रसन्न करते हैं।

सुगन्ध का लेपन करने से सफेद चंदन उत्तम माना जाता है। धूप में गुग्गल की धूप श्रेष्ठ होती है और नैवेद्य में पुआ। मौनव्रती होकर पुओं से ब्राह्मणों को तृप्त करना चाहिए। कुछ विद्वान लोग नक्षत्रों के दर्शन हो जाने पर रात्रि मान लेते हैं। कुछ लोग एक मुहूर्त्त कम दिन के समय को नक्स कहा करते हैं। दो घड़ी का एक मुहूर्त्त होता है। ब्रह्मा ने बताया कि वे तो जिस समय भी नक्षत्रों के दर्शन हो जायें, उस समय को ही नक्त मानते हैं।

नैवेद्य का पुआ एक शुद्ध प्रमाण के उत्तम गेहूं और चने का मिश्रण का होना चाहिए। यदि गेहूं और चने का अभाव हो तो जौ के आटे के ही गुड़ के घोल से पुए निर्मित कर लेने चाहिए। इतिहास के विद्वान ब्राह्मण को सोने की दक्षिणा के साथ पुओं का दान कल्याणकारी होता है। अथवा ब्राह्मण के अभाव में सूर्य के आगे रख देना चाहिए और भक्तिपूर्वक यह कहना चाहिए कि अपने तेज से उत्पन्न यज्ञ के हाथ द्वारा विशेषरूप से बनाए हुए इन पुओं को मेरे कल्याण के लिए ग्रहण करो। मेरे कल्याण के लिए कामना प्रदान करने वाले, सुख देने वाले, पुत्रधन के दाता की सेवा में मैं ये मण्डक देता हूं। ये दोनों ही दान और आदान सूर्य के परमप्रिय महामंत्र हैं।

ये कल्याण के लिए हैं। मानवों के श्रेय सम्पादन करने के लिए यह विधि अत्यन्त सहज और सुलभ हैं। इस विधान से जो मनुष्य सूर्य का पूजन करता है, वह समस्त पापों से छुटकारा पाकर सूर्यलोक में प्रतिष्ठित हो जाता है, ऐसे महान् व्यक्ति की न कभी दरिद्रता होती है, न कोई रोग

न उसके कुल में कोई कष्ट होता है। ऐसे व्यक्ति की सन्तान भी सुख-सम्पन्नता युक्त और दीर्घ आयु होती है। जो भी इस रीति से सूर्य का पूजन करता है वह मनोवांछित फल पाता है और इस प्रकार सूर्यलोक में वास करता हुआ वह व्यक्ति अवधि की समाप्ति पर पुनः भूमंडल पर आता है तो राजा होता है। वह श्री और यश से युक्त समाज के बच्चे सेवक के रूप में रत्नों से सम्पन्न और तेज से विप्र के समान होता है। जो व्यक्ति जो विधि-विधानपूर्वक इस कथा का श्रवण करते हैं, निश्चय ही वे त्रिपुरान्तक अचल और दिव्य लक्ष्मी का सान्निध्य पाते हैं।

सौर धर्म के प्रस्ताव में राजा शतानीक ने विस्तार से जानने की इच्छा प्रकट की तो सुमन्तु मुनि ने बताया कि हे राजन्! इस भूलोक पर तुम्हारे अतिरिक्त अन्य कोई भी राजा और धर्म के प्रति, रुचि रखने वाला नहीं है। आज मैं यह संवाद तुमसे करते हुए यह स्पष्ट करता हूं, एक बार बहुत पहले सूर्य के सारथी अरुण के पास उनके एकान्त क्षणों में गरुड़ पहुंचे और उन्होंने अरुण से धर्मों में सबसे उत्तम धर्म और समस्त पाप राशियों को नष्ट करने वाले सौर धर्म के बारे में जिज्ञासा प्रकट की तो अरुण ने उन्हें बताया कि अज्ञान के सागर में निमग्न सांसारिक प्राणियों को यह सौर धर्म दूसरे तट पर पार लगाने वाला होता है अर्थात् यह अज्ञानियों का उद्धार करता है।

जो लोग भक्ति भाव से सूर्य को आराधना करते हैं, व्रत-अनुष्ठान करते हैं वे परम पद प्राप्त करते हैं और जिसने इस लोक में जन्म लेकर भगवान् देवेश का पूजन अर्चन नहीं किया, उसने आत्मा के द्रोह किया। वह बहुत लम्बे समय तक संसार रूपी दुःख के सागर में वृद्धावस्था के कष्ट भोगता हुआ आकुल घूमता है। यह मनुष्य-जीवन बड़ा दुर्लभ होता है, इसे ऐसे ही विषयों में लिप्त होकर नहीं गुजारना चाहिए। नर को अपनी सार्थकता सिद्ध करने के लिए, जिसने इसके जन्म को सम्भव किया है, जो इसका पालन-पोषण करता है, जन्म और मृत्यु का नियन्ता है, मानव से बड़ी शक्ति के रूप में इसका स्मरण करके उसके प्रति सह समर्पण भाव से, नतशिर होकर पूजन-अर्चन करना चाहिए।

जो लोग भगवान् सूर्य की भक्ति में निमग्न रहते हैं सदा उनका स्तवन, आराधन करते हैं, वे न केवल इस लोक में अपने सभी अभीष्ट फल पाते हैं बल्कि परलोक में भी विशिष्टिता प्राप्त करते हैं। अनेक प्रकार के सुन्दर पदार्थ, नाना आभूषणों से सजी स्त्रियां तथा अटूट धन भगवान् सूर्यदेव की आराधना से प्राप्त होते हैं।

जो लोग महान् भोगों के गुणों की प्राप्ति करने की इच्छा रखते हैं, जो सर्वोच्च राज्यासन पाना चाहते हैं अथवा अपना सौभाग्य पाना चाहते हैं, अतुल कान्ति, भोग, यश, धन वैभव ख्याति, कीर्ति और धर्म आदि चाहते हैं, उन्हें सब प्रकार से सूर्य की भक्ति में लीन रहकर उन्हीं के प्रति व्रत-उपासना में, अर्चन-पूजन में मन लगाना चाहिए। भगवान् भास्कर समस्त देवताओं द्वारा पूजनीय हैं। इनकी भक्ति करना इस लोक में परम दुर्लभ है और सूर्य का याचनार्चन और भी दुर्लभ है। उसका विज्ञान प्राप्त करना भी दुर्लभ है और उसका अभ्यास करना भी कठिन है।

उसके अर्थ का विधान जान लेना भी कठिन है। उसे जानना भी कठिन है और उसकी आराधना का उत्तम तरीका भी दुर्लभ है। जो लोग लोभ के वशीभूत होकर सूर्य की शरण में जाते हैं, उनके लिए सूर्य दुर्लभ होते हैं और जो लोग इस लोक में नित्य ही भगवान् भास्कर में मन रमाते हैं और अपना सब कुछ अर्पित करके श्रद्धापूर्वक उनका अर्चन-पूजन करते हैं, उनका जीवन सफल हो जाता है।

रवि के रूप में यो दो अक्षर जिह्वा के अग्र भाग पर जब स्थान पा लेते हैं तो उस व्यक्ति का जीवन सफल हो जाता है और श्रद्धा से भगवान् भास्कर की पूजा करने वाला सब पापों से मुक्त हो जाता है। इसके बाद डाकिनी, पिशाचिनी, राक्षसों, राक्षसिनियों के दुष्कृत्यों का प्रभाव व्यक्ति पर नहीं पड़ता और न ही अन्य भीषण जीव उसे सताते हैं। उसकी सभी शक्तियों का नाश हो जाता है, न कोई रोग पीड़ा देता है और न कोई आपत्ति रास्ता रोकती है। ऐसे व्यक्ति संग्राम में सदा विजय प्राप्त करते हैं।

इस प्रकार गरुड़जी से बताते हुए अरुण ने कहा कि ब्रह्माजी को ब्रह्मात्व की प्राप्ति, विष्णु को विष्णुत्व की प्राप्ति और शंकर का शंकरत्व,

भगवान् भास्कर की पूजा से ही प्राप्त हुए। अतः हे खगराज! एक हजार नेत्रों वाले और सभी देवताओं के स्वामी इन्द्र का इन्द्रत्व भी भानुदेव की कृपा का ही फल है। इसलिए यदि स्वर्ग के अक्षय निवास की इच्छा रखते हो तो देव भानु में ही निहित समस्त जगत में, भानु की ही पूजा भली-भांति करनी चाहिए। ये भगवान् भास्कर अंधेरे को दूर करने वाले हैं। धर्म, अर्थ, काम, मोक्ष को देने वाले हैं।

जो व्यक्ति बिना सूर्य-पूजा के जीवन जीता है, वह मृत के समान है, उसे अपना सिर फोड़ लेना चाहिए। भगवान् सूर्य की ही पूजा करके भोजन करने वाला, विधि-विधान पूर्वक पूजन-अर्चन करने वाला व्यक्ति जब तक जीता है, सुखपूर्वक जीता है। वस्तुतः मनुष्य के इस चोले में वास करने वाला स्वयं साक्षात् सूर्य ही होता है। इसमें तनिक भी संशय नहीं कि सूर्य देव की अर्चना से अधिक अन्य कोई पुण्य नहीं। ऐसा जानकर और सोच-समझकर ही सूर्य की भक्ति में ही प्रवृत्त होना चाहिए।

सूर्य-भक्त समस्त द्वन्द्वों को सहन करने वाले, गुरु की सेवा करने वाले, धर्माचारी, वीर, नीतिनिपुण, स्थिर चित्त वाले, परोपकारी, बुद्धिमान, शान्त, भद्र, किसी से ईर्ष्या न रखने वाले, सहिष्णु होते हैं। ये थोड़ा बोलने वाले, अच्छे मन वाले, शुद्ध आचार-विचार से सम्पन्न, शास्त्रों के पंडित और अध्यव्यवसायी होते हैं।

इनमें दम्भ और अहंकार, तृष्णा और लोभ नहीं होते, ये दुष्ट और दुर्विचार वाले भी नहीं होते, जिस तरह कमल कीचड़ में रहते हुए भी उससे मुक्त रहता है। उसी प्रकार ये जन भी संसार में रहते हुए भी इन्द्रियों से निर्लिप्त रहते हैं, कुसंग से दूर रहते हैं, साधु-सेवी और स्निग्ध भाव वाले होते हैं और सदैव धर्म, अर्थ, काम, मोक्ष में लगे रहते हैं। नरक रूपी समुद्र में गिरे अत्यन्त पापी की भी रक्षा करने वाले सूर्य देव का महत्त्व लोक और परलोक में बड़ा पुण्यदायी माना गया है।

जो मनुष्य पदार्थ द्वारा भी उसके घर में कर्म में लीन रहता है, वह भी शरीर पूरा करके परम पुण्य लोक का वासी होता है। परम शांति को प्राप्त करता है। समस्त द्विजों के समूह में कोई एक ही ज्ञान प्राप्त करता

है। उनमें भी एक ही दिव्य ज्ञान प्राप्त करता है।

उस समय तक इस संसार में दुःख और शोक से घिरे मनुष्य भ्रमण किया करते हैं, जब तक भगवान् सूर्य की भक्ति में सब लीन नहीं हो जाते। चन्दन का लेप करने से भगवान् सूर्य दो गुना प्रसन्न होते हैं। काले अगरु में चन्दन से भी दुगुना प्रभाव रहता है। कुंकुम का लेपन कृष्ण अगरु से भी सौ गुना अधिक लाभदायी होता है। भगवान् सूर्य के यज्ञ के इन उपकरणों, भक्ति, श्रद्धा से अपनी शक्ति के अनुरूप करने से भक्त हर दशा में उनकी कृपा का पात्र बन जाता है वह भी पाप कर्म के रहित होकर स्वर्ग लोक को चला जाता है। इसीलिए सबका परित्याग करके एक सूर्य में ही ध्यान लगाकर उनकी जप-अराधना से भक्त के सारे काम मर जाते हैं।

यह जीवन क्षणभंगुर है, शरीर को शीघ्र ही व्याधियां रोग जरायु का शिकार होना पड़ता है; अतः शरीर के रहते ही दिवाकर की पूजा-अर्चना कर उन्हें प्रसन्न कर लेना चाहिए। मनुष्य जन्म में ही यह कर्म पूरा कर लेना चाहिए। इस पूजा से बड़ी कोई पूजा-धर्म इस संसार में नहीं है।

भगवान्, शांत चित्त से युक्त सर्वश्रेष्ठ, देवमार्ग के प्रणेता रवि देव को ब्रह्मा ने नमस्कार करते हुए कहा, सभी दुःखों को हरने वाले, वरदान प्रदान करने वाले, विभावसु; ये भगवान् सूर्य प्रणम्य हैं। अर्क, अर्यमाण, इन्द्र, विष्णु, दिवाकर, देवेश्वर, देवरत और सुनहरी आभा वाले भगवान भास्कर को प्रणाम करता हूं। ऐसी ब्रह्मा की स्तुति का श्रवण करने वाला परम कीर्ति का लाभ लेकर सूर्य लोक का अधिकारी हो जाया करता है।

विवाह की विधि का वर्णन करते हुए ब्रह्मा जी ने कहा जो नारी माता की सपिण्डन हो, पिता के गोत्र वाली न हो, वहीं द्विजाति वर्ग में मैथुन योग्य मानी गई है। जिसका सहोदर न हो, जिसके पिता को कोई ज्ञान न हो। अनाथ हो वह विवाह के लिए योग्य नहीं है। सवर्णा नारी घर कर्म में प्रवृत्त मानी गई है। जो काम की वासना शांत करने के लिए व निम्न बातों के क्रम से अवर होती हैं।

हे द्विजश्रेष्ठो! क्षत्रिय के लिए जो सवर्णा है वही उत्तम है, वैश्य एवं

शूद्र की कन्याएं उसी क्रम में अधम मानी गई हैं। ये काम-वासना की ही पूर्ति करने वाली होती हैं। धर्म के कार्य के लिए ये सहयोगी नहीं हो पाती हैं। इसी प्रकार वैश्य को भी एक सवर्णा स्त्री धर्म-कर्म के लिए श्रेष्ठ कही गई है। दूसरी असवर्णा केवल काम के लिए ही कही गई है। मनु ने शूद्र के लिए एक ही शूद्रा भार्या का विधान किया है। द्विजात्तम चारों वर्णों की कन्याओं का परिणेता होता है। शूद्रा भार्या का विधान ब्राह्मण तथा क्षत्रिय के लिए किसी भी दशा में नहीं किया गया है। जो इस विधान का पालन नहीं करते उनकी सन्तानें अशुद्ध कहलाई जाती हैं, वे स्वयं भी शूद्र कोटि में आ जाते हैं।

एक बार अत्रि मुनि ने वेदी पर शूद्र स्त्री को आरोपित कर लिया था, उनका पतन हो गया था। इसी प्रकार उतश्य ऋषि ने शूद्रा से पुत्र उत्पन्न किया, उसका भी इसी प्रकार पतन हो गया। शूद्रा के पुत्र को पाकर शौनक मुनि भी शूद्रत्व को प्राप्त हो गए थे। इसी प्रकार भृगु आदि मुनि भी शूद्रा के साथ संसर्ग के कारण शूद्रत्व को प्राप्त हुए।

ब्राह्मण शूद्रा को अपने शैया पर सुलाकर अधोगति को प्राप्त होते हैं। यदि इस संसर्ग से पुत्र उत्पन्न हो जाए तो ब्राह्मण अपने ब्राह्मणत्व को भी खो बैठता है। ऐसे ब्राह्मण के हाथ से देव कर्म, पितृ कर्म, अतिदेय कर्म भी सम्पन्न नहीं होते। पितर ऐसे व्यक्ति के हाथ का स्पर्शित अन्न नहीं ग्रहण करते। अतः सदैव अपने वर्ग में उत्तम कुलीन कन्या का ही वरण करना श्रेयस्कर माना गया है।

विवाह की आठ कोटियां बताई गई हैं, यथा-ब्राह्म, दैव, आर्ष, प्रजापत्य, असुर, गन्धर्व, राक्षस तथा अधम पैशाच विवाह। इस पर भी कामात्मा का होना कभी प्रशंसनीय नहीं होता है। वेदों के प्रति अरुचि भी अनुचित होती है। वेदों का ज्ञान प्राप्त करना सभी का परम धर्म है। व्रत, नियम, धर्म से संकल्प उत्पन्न होता है। मन के संकल्प से काम जागता है। इसकी पूर्ति यज्ञ से होती है। काम के बिना संसार में गति असम्भव है।

जो मनुंष्य स्मृति-सम्मत काम में प्रवृत्त रहता है वह सद्गति प्राप्त

करता है। यही धर्म का मूल है। अपने ज्ञान-चक्षुओं से इन सभी का भली-भांति पालन करना चाहिए। श्रुतियों तथा स्मृतियों में व्यक्त धर्म का पालन एवं आचरण करता हुआ मनुष्य परम कीर्ति को प्राप्त करता है। इन दोनों से ही धर्म प्रकाशित होता है। जो हेतु शास्त्र का आश्रय लेकर इनकी अवमानना करता है वह निश्चय ही असाधु, नास्तिक और वेद की बुराई करने वाला होता है। इनका सदैव बहिष्कार करना चाहिए। वेद-स्मृति सदाचार और जो आत्मा को प्रिय हो, ये चार प्रकार हैं और यही धर्म के लक्षण हैं। अर्थ में निर्लिप्त धर्म की जिज्ञासा करने वाले प्राणी ही धर्म ज्ञानी कहलाएं जाते हैं।

जिस देश में परम्परा के क्रम से जो चला आ रहा है, वही आचार अन्तराल सहित सदाचार कहलाता है। कुरुक्षेत्र, पांचाल आदि ब्रह्मर्षियों के प्रदेश हैं। ये ही ब्रह्मवर्त के अन्दर हैं। यहीं सरस्वती आदि नदियां प्रवहमान रहती हैं। यहीं जन्म आदिपुरुष ब्राह्मण के प्रकाश से अन्य प्राणी ज्ञान और अपना-अपना चरित्र सीखा करते हैं। हिमालय तथा विन्ध्याचल के मध्य भाग में स्थित मध्य देश तक का प्रदेश पूर्व सागर से पश्चिम सागर तक आर्यावर्त कहलाया गया है, जहां गौ तथा मृग स्वभाव से भ्रमण करते हैं वहीं याज्ञिक देश कहलाता है। इससे इतर म्लेच्छ प्रदेश कहलाता है। ब्राह्मण को चाहिए कि वह अपने निवास के लिए उचित शांत स्थान का चयन करें।

स्त्रियों के गृह कार्य की धर्म विधि का उल्लेख करते हुए ब्रह्माजी ने बताया कि स्त्री का धर्म है अपने पति की मन, वाणी व शरीर से सेवा करते हुए, उसे देवता की तरह पूजे। उसके हित का आचरण करें। उसके हित में स्वयं का हित समझे।

गृहस्थ कर्म में सभी देवकर्म, पितृकर्म और अतिथिकर्मों से पति का सहयोग करें। वैश्य और आत्मा रूप में स्त्री दो धरातल पर जीती है। इसमें शरीर से अधिक घर का संस्कार उसका धर्म है। सबका विधिपूर्वक पोषण, देखभाल, रखवाली उसका दायित्व भी स्त्री पर है, यही स्थिति योग्य पदार्थों और सहायक सामग्री के संदर्भ में भी अनुपालनीय है। उसे

इस क्रम में सदैव अपने पति को अधिक स्थिति के अन्दर ही व्यवस्थित करने में निपुणता प्राप्त करनी होती है। बालक, वृद्ध, रोगी के लिए भी जो कर्त्तव्य होते हैं उनका उसे मन से पालन करना चाहिए।

कार्य के बीच में पति के विदेश या बाहर गमन काल में स्त्री को नित्य कर्मों को बिना अवरोध के पूर्ण करना चाहिए। किसके प्रति क्या देय है क्या ग्रहणीय है, यह सब व्यवस्था गृहिणी के कार्य-क्षेत्र तथा विवेक- सीमा के अंतगर्त आते हैं। स्त्रियां ही गृह का मूल हुआ करती हैं और गृह आश्रम होता है, जिसका मूल धान्य होता है। इसलिए धान्यों के व्यय में कभी भी खुला हाथ नहीं रखना चाहिए। नित्य ही इनका संचय करना चाहिए और इनके खाने-पीने का व्यय भी सीमा के अन्दर रहना चाहिए।

अच्छी गृहणियों की अन्न के विषय में मुक्तहस्तता प्रशंसनीय नहीं है। इस लोक में अनेक पुरुष और परिवार ऐसे हैं, जहां स्त्रियों की प्रधानता होती है। उनमें इनके प्रधान होने से कोई दोष नहीं होता बल्कि उनकी योग्यता से युक्त और सौभाग्य और उद्यम से आराधना से स्त्रियां अपने घर परिवार और पति को एक सही व्यवस्था देते हुए संचालित करती हैं। यही एक सद्गृहिणी का कर्त्तव्य है।

माध्यम पर्व

ब्रह्म के रूप को धारण करने वाले इस जगत के उत्पत्ति स्थान भगवान हरि की वन्दना करते हुए सूतजी ने कहा कि पुराण के लक्षण का विशेष निर्णय तिथियों को निरूपण, श्राद्ध का संकल्प, मरने वाले के प्रति कर्म और दान का माहात्म्य, भूत, वर्तमान और भविष्य, युगधर्म का अनुशासन और सर्वोपरि धर्म, अर्थ और काम के त्रिवर्ग में सत, रज और तम का समाहार करते हुए बताया जिस मानव में धर्म समायुक्त होता है वहां अर्थ और काम दोनों ही व्यवस्थित हो जाते हैं। इस संदर्भ में विराट ब्रह्माण्ड की उत्पत्ति, विस्तार, विभाग और ऐश्वर्य रूप को बताते हुए सूतजी ने कहा, प्रारम्भ में यह सम्पूर्ण तमोमय प्रज्ञात और बिना लक्षण वाला था।

रुद्र परम कारण थे। भगवान विभु ने अपनी ही आत्मा से अपने–आपको संचित करके पहले मन की रचना की, उसके बाद अहंकार और अहंकार से पांच महाभूत उत्पन्न किए। ये आठ प्रकृतियां कही गईं। सत, रज व तम गुण कहे गए और इनसे ब्रह्मा, विष्णु उत्पन्न हुए और तेज से शम्भू। भगवान वासुदेव, बिना शरीर वाले बिना उत्पत्ति वाले और अयोनिज होते हैं। ब्रह्मा, विष्णु और महेश तीनों ही उत्पत्ति, स्थिति और संहार के कारणभूत होते हैं। 72 युगों का एक मन्वन्तर कहा गया है, 14 मन्वन्तर का एक दिन। इसी प्रकार एक अन्य दूसरे कल्प से ब्रह्मा की रात्रि होती है, मास और वर्ष होते हैं। यह इतना समय भगवान् विष्णु का एक निमिष होता है। ब्रह्म से स्तम्बपर्यन्त उस ध्रुव का निमेष है, यह समस्त चराचर लोक निमेष मात्र जीवन वाला होता है।

इस प्रकार भूलोक, भुवलोक, स्वर्गलोक, जनलोक, तपोलोक, सत्य और सातवां ब्रह्मलोक होता है। इसी प्रकार से भूलोक से नीचे पाताल, वितल, अतल, तलातल, पांचवां सुतल छटा और सातवां रसातल होता है। भगवान महेश्वर

क्रीड़ा के लिए इनको उत्पन्न करते हैं और इनका ग्रसन भी करते हैं।

पृथ्वी, अन्तरिक्ष, दिशाएं, विदिशाएं, समुद्र और पर्वतों की संख्याओं से गतियां होती हैं। सभी जड़ पर्वतों, स्थावरों, चौपायों, दोपायों, देवों, मनुष्यों आदि का सहस्त्र गुण होता है। ये शील होते हैं। यही प्रकृति कहलायी गई। प्रकृति से विष्णु के साथ ब्रह्मा का जन्म हुआ और उससे बुद्धि के द्वारा नैमित्तिक सृष्टि की रचना हुई।

पुराण इतिहास के अर्चन और श्रवण की महत्ता बताते हुए सूतजी ने कहा कि जो व्यक्ति भक्ति-भाव से इनका श्रवण करता है वह सौ ब्रह्म-हत्याओं के पाप से मुक्त हो जाता है। प्रातःकाल और सायंकाल शुद्ध मन से इसका श्रवण करने वाले से देवत्रयी सन्तुष्ट होती है। प्रातःकाल ब्रह्मा, सांध्यकाल में विष्णु और रात्रि में श्रवण करने वाले से शंकर प्रसन्न होते हैं।

धर्मशास्त्र की पुस्तक शाश्वत धर्म का अधिष्ठान है। शिव आगमों के देवता हैं, भगवती शारदा तन्त्र आदि की देवी है, गणपति जामलों के देव हैं और शतक्रतु इन्द्र दामरों के देवता है। भारत के देव नारायण हैं, यही रामायण के देवता भी हैं। आदित्य, वासुदेव, माधव, राम, केशव, वनमाली, महादेव सप्तपर्वों में सप्तों के देव होते हैं और विषय धर्म आदि के सनातन शिव। आदि पुराण के देव विरंचि कहे गए। इन देवों को समर्पित करने के लिए यवक्षीर, पायस, कुशरान्त आदि बताए गए हैं। गोधूम के सहित तिल और अक्षतों के मिश्रित फलों का गव्य, कांसे के पात्र में, पृथक्-पृथक् दिशाओं में समर्पित करना चाहिए। यही योग पुण्य और पर होता है।

इस प्रकार बार-बार विन्यास करते हुए पवमानी का जल में जाप करना चाहिए, यही वेदान्त विधि है। रामायण, धर्मशास्त्र और हरिवंश पुराण में इसके विपरीत विधि बताई गई है।

विरुद्ध करने पर अनुष्ठान का फल लुप्त हो जाता है, इसलिए विधि विधान का बहुत महत्त्व है। जो इस कर्म-अनुष्ठान के पश्चात् मांस भक्षण करता है वह गर्दभ योनि के प्राप्त होता है, जो इसके अनन्तर मैथुन करता है वह भी गर्दभ बनता है। जिसने पितरों का भली-भांति तर्पण नहीं किया, उसका गुरु के लिए वन्दना करना व्यर्थ है। गंगा में मृत्यु पाने पर भी जिसने

जीवित रहते तर्पण नहीं किया तो बेकार है। यदि भागवत का श्रवण नहीं किया तो पुराण का श्रवण व्यर्थ हैं। नरसिंह से विहीन भागवत भी निष्फल है, आदि पर्व से हीन भारत का आख्यान नहीं श्रवण करना चाहिए।

अश्वमेध के बिना यज्ञ तथा दानकर्म के बिना मोक्ष धर्म को धारण नहीं करना चाहिए। वायुपुराण के श्रवण करने से शरीर धारण करना ही व्यर्थ होता है। जैसे सुन्दर काण्ड के बिना अरण्य काण्ड को कभी ग्रहण नहीं करना चाहिए। पाराशर के बिना व्यास और याज्ञवल्क्य के बिना यज्ञ की विधि व्यर्थ होती है। यथा-स्मृति के बिना शंख-स्मृति और इसके बिना बृहस्पति का श्रवण व्यर्थ है। इसी क्रम में देव संस्थापना के बिना राक्षसों की प्रार्थना करने पर भी इसका ज्ञान नहीं देना चाहिए। यही नहीं इसका विक्रय भी पाप में सम्मिलित हो जाता है। न ऐसी पुस्तक का हरण या षडक्षर का हरण ही करना चाहिए। इसके दोष रूप में रौरव नरक भोगना पड़ता है, आद्यक्षर के हरण से ताम्र कुष्ठि रोग हो जाता है। ये सभी स्तोत्र सुपात्र को ही श्रवण करने चाहिए। इनके लेखन के लिए भी अनेक विधि-निषेध बताए गए हैं। उन्हीं का आचरण करते हुए इस ओर प्रवृत्त होना चाहिए।

अन्तर्वेदि तथा बहिर्वेदि प्रमाण आदि के वर्णन के साथ-साथ सूत जी ने बताया कि जो कर्मज्ञान के द्वारा साध्य होता है वह अन्तर्वेदि होता है, देव-स्थापना तथा पूजन बहिर्वेदि कहलाता है। ब्राह्मणों का तोषण तथा गुरु की परिचर्या भी इसी कोटि में आता है।

यह भी दो प्रकार का होता है, बिना किसी कामना के किया हुआ कर्म जो बहिर्वेदि के विपर्यय होता है, अन्तर्वेदि कहलाता है। कुल 87 कर्म बहिर्वेदि होते हैं, कुल सार रूप तीस हैं। किसी देवता की स्थापना, किसी प्रासाद का निर्माण, सरोवर या तड़ाग या निर्माण, चौथे तथा पांचवें स्थान पर गुरु-पूजा तथा देव-पूजा को देखा जा सकता है। देवता का आह्वान, प्रतिष्ठा, प्रतिमा की पूजा, वृक्षारोपण, उत्तम, मध्यम, कनिष्ठ, तीन प्रकार से निर्देशित की गई है।

इसके लिए फिर भूमि का भली-भांति शोधन करना चाहिए। उसका परिमाप यही कर लेना चाहिए। तड़ाग की भूमि बैलों द्वारा ठीक जोत ली

जानी चाहिए। देवालय वाली भूमि को श्वेत बैलों द्वारा जिस में गृह-निर्माण कराना हो उसे नहीं जुतवाना चाहिए। आराम की भूमि या कुएं के लिए काले बैल से जुतवानी चाहिए। तीन दिन तक एक वाहन कराएं, पांच व्रीहियों का वपन करें। देव पक्ष में, आरामकरण में सात गुना और इस प्रकार पूरा चक्र समाप्त करके नरसिंह मंत्र द्वारा अग्नि प्रज्ज्वलित करनी चाहिए। तत्पश्चात् कीलित करके वासुदेव के लिए बलि दे दें और खनिज का पूजन करें। 'आ ब्रह्मन' द्वारा मध्य देश में खनन करना चाहिए।

पत्र-पुष्प और फलों के रज-रेणु प्रतिदिन पितृगण का पोषण किया करते हैं। जो वृक्ष छाया देता है। फूल, फल देता है या मार्ग अथवा देवालय में स्थित होता है। वह पितृगणों को पाप से उद्धार करता है। ऐसे स्थानों पर वृक्ष लगाने से कीर्ति, यश, शुभ फल प्राप्त होते हैं। इसलिए वृक्षों का रोपण अवश्य करना चाहिए। पुत्रहीन वृक्षारोपण करके पुत्र प्राप्त करता है। पीपल का आरोपण यत्नपूर्वक अवश्य करना चाहिए। कामना से एक, दो या तीन वृक्षों का रोपण अवश्य करना चाहिए। पीपल का आरोपण मुक्ति प्रदान करता है, अशोक शोक का नाश करता है, प्लक्षा भार्या का प्रदाता है, विप्लव आयु प्रदान करता है, जामुन वृक्ष धन प्रदाता होता है, तिन्दु के वृक्षारोपण से कुल की वृद्धि होती है, दाड़िम का वृक्ष कामिनी प्रदान करता है। वकुल, वंजुल के वृक्ष पापों का हनन करते हैं, बल-बुद्धि देने वाले होते हैं। आम का वृक्ष का कामनाएं पूरी करता है, गुवाक का वृक्ष सिद्धि-प्रदाता है वलवल, मधुक तथा अर्जुन के वृक्ष सब प्रकार से शस्य देने की सामर्थ्य रखते हैं। कदम्ब से कीर्ति प्राप्त होती है।

इसी प्रकार शिंशपा, अर्जुन, हयपारक, श्रीवृक्ष, किंशुक के रोपण से स्वर्ग प्राप्ति होती है। समिध, कन्टकी, द्रुम, कुश, पद्म और जलज वृक्षों से व्यक्ति दुर्गति को प्राप्त भी होता है।

तंत्र विधि का विवरण सुनाते हुए सूतजी ने बताया कि तंत्र में प्रतिष्ठा का कर्म किसी परम पुण्य दिन में करना चाहिए। छोटे शत वृक्ष में दश द्वाद्वश वृक्ष में दृष्टि मात्र अन्तर वाले से कूप याग में समुत्सृजन करना चाहिए, वृक्षयाग में किसी प्रकार से कूप का उत्सृजन नहीं करना

चाहिए। तुलसी वन के याग में अन्य कोई योग नहीं करना चाहिए। तड़ाग याग में आराम में सेतु आदि नहीं बनाने चाहिए। देवयाग में सेतु, तड़ाग में समुत्सृजन नहीं करना चाहिए। तंत्र में श्राद्ध पृथक नहीं होता है। केवल कर्ता के भेंट से ही उसमें पार्थक्य होता है। शिवलिंग की स्थापना में अन्य किसी देव की स्थापना नहीं होती है।

कुंडों के निर्णय के विषय में बताते हुए सूतजी ने कहा, कुंड चौकोर, वृत्त, पदार्थ, अर्धचन्द्रक आदि अनेक प्रकार के होते हैं कुंड के स्थान को विशेषरूप से मर्दित करें तथा खोद कर जल से सेचन करें, बारह अंगुल परिमाण का प्रकल्पित करें। अठारह अंग वाले क्षेत्र में न्यास करें। त्रिवृत्त उज्जवल कुंड होता है। कालिका आदि वृत्तों को विवर्जित करते हुए पद्म कुंड, जो भगवान् विलोचन को परम सुन्दर लगता है; के क्षेत्र में दस प्रकार के भेदन करे। अधो, ऊर्ध्व भाग में दो अंगुल रखे, सूत्र के सपरितित करे तथा उसी परिमाण से पारित भी करे। पांच प्रकार से भेदित क्षेत्र में, अथवा विद्वान द्वारा यथेच्छा से विभाजन करा लेना चाहिए तथा कोणार्ध के अर्ध परिणाम से पूर्व ही अंग का न्यास कर लेना चाहिए। शृंगाटक, युग्मपुट और षडन्त्रये तीन प्रकार के होते हैं। जिस तरह प्रलाशय, आराम कूप और नित्य ग्रहभेय होते हैं। द्विजकर्म के लिए चतुरस कुंड होता है। देव-प्रतिष्ठता याग में और गृहवास्तु याग में चतुर्थक कुंड होता है। वसुन्धरा योग भेद में प्रपंच में वर्त्तका आदेश देना चाहिए। सोम में आठ और नरमेध, अवशमेध यागों में पंकज कहा गया है।

इसी प्रकार वैष्णव, शिव आदि याग में चन्द्र कुण्ड, शांति प्रतिष्ठा याग में तथा विभोक्षण कर्म में योनिकुंड, कोटि होम आदि में अष्टास्त्र-कब्ज, कुण्ड का महत्त्व है। जितना कुंड गहरा हो उसका विस्तार भी उसी परिमाण में होना चाहिए। कुंडों के अनुरूप ही मेखला भी बनानी चाहिए।

यागादि की समाप्ति होने पर नित्य नैमित्तिक जाप करते हुए होम का अवसान हो जाने पर सोलहों उपचार प्रकृष्ट रूप से जाप करना चाहिए। समीरण को देवें तथा पीठ पीछे पूजा होनी चाहिए। अग्नि देव अपने लम्बे हाथों में इष्ट, शक्ति, स्वस्ति और उच्च अभीति को धारण किए है,

वरदान देने वाले, होम में आकल्प, पद्म पर विराजमान तीन नेत्रों से युक्त, जटाओं से मौलि भाग को बांधे हुए वह्निदेव का ध्यान करना चाहिए। पूर्व आदि दिशाओं के द्वारा देवों में कामदेव शतक्रतु, वराह, षन्मुख, की गन्धाक्षतादि से भली-भांति पूजा करनी चाहिए। आवाहन करके पीछे इसकी स्थापना करके आठ मुद्राओं को प्रदर्शित करें। आसन स्वागत देकर अर्ध्यपाद्यदि से सेवित कर आचमन देवें। यहां पर तीन प्रकार की जिह्वाओं का मंत्र पुरस्सर ध्यान करना चाहिए।

'हे अग्निदेव! आप समस्त प्राणियों के आदि रूप संसार के तारने वाले, परम ज्योति स्वरूप हैं, कृपा कर इस आसन को सफल करें।' ऐसा कहते हुए अग्निदेव को आसन देना चाहिए। फूलों के तीन गुच्छों से पुष्पांजलि देकर नमस्कार करके स्वागत करना चाहिए तथा हे भगवान्! आप समस्त लोकों में हितों के रक्षक हैं, यहां पाद्य ग्रहण करें सदा आदित्य स्वरूप जिस जातवेद से यह संसार प्रकाशित है, उसे मेरा नमस्कार है।

समस्त पापों को हरण करने वाले देव अग्नि को प्रणाम करते हुए स्नानीय समर्पित करें, जो समस्त कामनाओं के अर्थ-सिद्धि के लिए है। हुताशन, देवों के देव, हे सनातन! मैं आपकी शरण में आ गया हूं। कृपया मुझे परमपद प्रदान करें, आप प्रकाशमान हैं, दिए गए अलंकारों से विभूषित होवें, पुष्प ग्रहण करके इससे यह जगत सानुलप हो जावे, यह सनातन धूप पितृगण को सुख देने वाला है, आप इसे ग्रहण करें। इन समस्त जड़, चेतन जगत में आप ही परमात्मा हैं, इस प्रदीप को प्रणाम करता हूं, इस प्रकार सर्वस्व यज्ञ सूत्र, माक्षिक के साथ परमानन्द समर्पित करना चाहिए।

यज्ञ के तीन भेदों को विस्तार से विवरण बताते हुए सूतजी ने कहा कि शतार्द्ध में वह्नि और शतार्द्ध में काश्यप, घृत, प्रदीप में विष्णु तथा तिलयांग में वनस्पति कहा गया है। सहस्त्र में ब्राह्मण अयुत में हरि नाम दिया गया है, जहां लक्ष का होम होता है, वहां वहि नाम होता है। कोटि होम में इसे हुताशन कहते हैं। शतिक होम में वरुण और मारण कर्म के लिए किए हवन में इसका नाम अरुण होता है। नित्य होम में इसका नाम अनल तथा प्रायश्चित होम में हुताशन कहते हैं। अन्न यज्ञ में लोहित जो

कि ग्रहों में क्रम से किया जाता है, देव प्रतिष्ठायाग में इसका नाम लोहित ही है। वास्तुयाग में इसका नाम प्रजापति होता है, पद्मक मंडप में भी यही नाम है, महादान में इसका नाम हविर्भुज है, गोदान में रुद्र, कन्या के दान में गोडनक, तुला पुरुष दान में धाताग्नि कहा गया है। वृष के उत्सर्ग करने में सूर्य और अवसानान्त में रवि कहा गया है, वैश्व देव में पावक तथा दीक्षा पक्ष में जनार्दन कहा जाता है। त्रासन कर्म में इसका नाम काल है। शरदाहन में इसे क्रव्याद, पर्णदाह में यम, अस्थिदाह में शिखंडक कहा जाता है। गर्भाधान में मरुत, सीमन्त-कर्म में पिंगल, पुंसवन में इन्द्र, याग कर्म में प्रशस्त नाम से पुकारा जाता है। इसी प्रकार अन्यानेक नामों से पुकारी गई ये अग्नियां गुण-भेद से याग कर्म में प्रवृत्त होती हैं।

यागों के कर्मों में जो वृक्ष प्रशस्त माने गये हैं, उनमें श्रीपर्णी, शिषम्पा, विल्व, खदिर आदि गिने जाते हैं। ये सिद्धियों के देने वाले होते हैं और संप्राश में जो श्रुवा कहा गया है, शास्त्रों के ज्ञाताओं ने उनसे अन्य संस्कार यज्ञ साधन और प्रतिष्ठा के लिए उनका विधान बताया है। बिल्व के काष्ठ को ग्रहण करके उसका तीस भागों में विभाजन करके धात्री के फल के समान आकार का स्वधा निर्मित करा कर वेदी को शूर्प की आकृति वाली बनाते हुए कुंडों की परिकल्पना करनी चाहिए। हंसवत् त्रिगुण हस्त से अनुमुख लिखनी चाहिए। दंडमूल के आश्रय में कंकण की भूषित दंडी होनी चाहिए। सुवर्ण अथवा ताम्र को परिमाण से लगाना चाहिए। जिसका मंडल दो अंगुल हो वह दर्वी यज्ञ के साधन में होती है। ये ताम्रपर्णी चालीस तोलों से बनाई जाती है। इसी प्रकार पीपल के वृक्ष की आल स्थाली घृतमयी और मृन्मयी का समाश्रव करना चाहिए।

ब्राह्मण तीनों वर्णों का जन्म से ही प्रभु होता है, इस लोक में जो हव्य और क्रव्य होते हैं उनकी रक्षा के लिए देवगण इस ब्राह्मण के मुख के द्वारा ही अशन करते हैं। क्रव्यों का अशन पितर लोग करते हैं। ब्राह्मण जन्म से उत्तम और सबकी चर्चा ग्रहण करने योग्य होता है। वह जब परमतुष्ट होता है तो भाव के लिए और कुद्ध होता है तो अभाव के लिए। वह सर्वदा यज्ञ करने योग्य होता है। गर्भाधान से लेकर सभी 48 संस्कार

संचालित कराने वाला ही ब्रह्म के स्थान को प्राप्त करता है। वेद-अध्ययन और तीर्थस्थ से पूत होता है। अतः हे द्विजगणो! क्षेत्र पूत को भली-भांति जानकर विशेषरूप से पूजना चाहिए।

पूतों में परम पूत और गुरुओं में परमगुरु सर्व सत्वों में अनवित विष्ठ को ब्रह्मा ने सबसे पहले उत्पन्न किया। देवगण द्विजों की पूजा करके ही अक्षय स्वर्ग का उपभोग करते हैं। अपने-अपने राज्य को प्राप्त होने वाले मनुष्य भी देवत्व को प्राप्त करते हैं। यह सब ब्राह्मणों के अर्चन का फल होता है जिस पर ब्राह्मण प्रसन्न होते हैं, उस पर विष्णु भी प्रसन्न होते हैं। भगवान् विष्णु के मुख से सबसे पहले ब्राह्मण ही उत्पन्न हुए और वहीं से वेद उद्भूत हुए। इस कारण पहले पुरुष के द्वारा विप्रों के मुख में वेदों को अर्पित किया गया और सबके ज्ञान के हेतु ही वेदों का समर्पण ब्रह्मलोक की पूजा के लिए होता है और सभी शुभ कर्मों में ब्राह्मण नित्य प्रशस्त होते हैं। ये सब कार्य ब्राह्मण के द्वारा ही सफल होते हैं।

ब्राह्मण के बिना किया गया धर्म-कार्य केवल प्रयास में ही फलीभूत होता है अन्य फल नहीं देता। असुर, दैत्य और प्रेत आदि ही उसके फल का उपभोग करते हैं, अतः ब्राह्मण का आह्वान करके ही पूजा सम्पन्न करनी चाहिए। इसमें ब्राह्मण दर्शन श्रद्धा से करते हुए विधिवत उसका अभिवादन करना चाहिए। इसके फलस्वरूप अपने कर्म करता हुआ प्राणी स्वर्ग, पितृलोक और ब्रह्मलोक में अवस्थित होता है।

दोषों का विवेचन करते हुए सूत जी ने बताया, दोषों की अनेक संख्या होते हुए भी जो अधम होता है वह तीन प्रकार का होता है और विषम दो प्रकार का। पशु चार प्रकार का और कृपण दो प्रकार का दोषी होता है। नष्ट सात प्रकार का और पापिष्ठ दो प्रकार का दोष होता है। कष्ट पांच प्रकार का और रुष्ट दो प्रकार का, कुष्ट दो प्रकार का, अन्ध और कांडा दो-दो तरह के, सगुण और अगुण दो-दो प्रकार के दोष होते हैं।

इस प्रकार कुल मिलाकर 85 महत्त्वपूर्ण दोष गिनाए गए हैं, इनमें चण्ड, चपल, दण्ड, खल और नीच, वाचाल और कर्दप आदि। इनका उल्लेख करते हुए सूत ने बताया कि जिस मनुष्य को बहुत अच्छी तरह

से परिज्ञान होता है वह नर देवत्व को प्राप्त होता है। जब कि जो शिष्य गुरु के आगे चलता हुआ ऊंचे स्थान पर स्थित होता है, वह अधर्म और तीर्थ में ग्राम्य धर्म का व्यवहार करने वाला अधम वाणी में मिठास और मन में विष भरा तथा जन्म-मरण से युक्त सांसारिकता में लीन पशु होता है। देव और पितर कर्मों में मधुराग का प्रतिष्ठापन करने पर भी जो दुष्ट-बुद्धि म्लान और तिक्तान्न देता है वह कृपण होता है। कुत्सित वस्तु देने वाला, क्रोध से यजन करने वाला भी कृपण कहलाता है।

माता-पिता-गुरु का त्याग करने वाला शौच आचार से वर्जित पापिष्ठतम कहलाता है। साधु आचार का प्रच्छादन करके जो सेवन करता है वह नष्ट दोषी होता है और कन्या के शुल्क से जीवन-यापन करने वाला भी नष्ट होता है। इस प्रकार इन दोषी व्यक्तियों से अपने को युक्त रखते हुए समस्त सवर्णों का धर्म से ब्राह्मण ही प्रभु होता है। इसी प्रकार जो देश गंगाहीन होता है वह हत कहा जाता है, जो रात्रि प्रदीपों से रहित होती है और जो आकाश सूर्य से रहित होता है, उसी प्रकार असाम्वत्सर राजा मार्ग में अन्धे की भांति भ्रमण करता है। श्वर्शुल विप्र सूर्य होता है, जिसके प्रत्यक्ष दर्शन से पुण्य होता है।

यज्ञों की सिद्धि के लिए इसकी पूजा करनी चाहिए। ऐसे विप्र को ज्योतिर्वेद का अधिकार होता है। जाति के चार भेद होते हैं—कत्थक, भोजक, शिव और सूर्य विप्र। कत्थक मध्यम होता है और सूर्य विप्र उत्तम माना जाता है। शिवलिंग के अर्चन में लिप्त रहने वाला शिव विप्र निन्दित हुआ करता है। वसुओं के द्वारा, वस्त्र और गन्धों के द्वारा, माल्यों के द्वारा, देवचक्र के ज्ञाता विद्वान और होरा चक्र के वेत्ता विद्वान पूजने योग्य होते हैं।

सूर्य-चक्र के ज्ञान रखने वाले पूजनीय विप्रों का कभी अपमान नहीं करना चाहिए। गण विप्रों के समान दैवज्य विप्र भी पूज्य होते हैं।

सूतजी ने चारों वर्णों के बन्धुओं के संदर्भ में विवरण देते हुए बताया कि पिता ही परम बन्धु होता है। पिता के अन्य बन्धु कोई नहीं। इनमें माता परम गुरु होती है। जो सहोदर और ज्येष्ठों में श्रेष्ठ हैं वे उत्तरोत्तर से गुरु होते हैं। इनका विधिवत सम्मान करना चाहिए। चरणों की वन्दना

करनी चाहिए। इससे समस्त तीर्थ का फल मिलता है और यह कहते हुए आद्य ब्रह्म के स्वरूप पिता को मैं प्रणाम करता हूं, जिससे जगत चारों रूप को देखता है, उनको मैं तिलों से युक्त सलिलों के द्वारा तृप्त करता हूं।

इस संसार में पितर ही उत्पन्न करते हैं वे ही पालन करते हैं, वे ही ब्रह्म रूप वाले हैं। उनको मैं बारम्बार प्रणाम करता हूं। जो अपनी कुक्षि के विवर में रखकर सब प्रकार से मेरी रक्षा करती है, उस अपनी जननी को मैं नमन करता हूं। जो बड़े ही कष्ट से मुझे अपने उदर में धारण करती है। मैंने यह समस्त जगत आपके ही प्रसाद से देखा है। पृथ्वी-मण्डल में जितने भी तीर्थ हैं, सागर हैं, उस अपनी माता को भूमि के लिए मैं नमस्कार करता हूं। गुरु के प्रसाद से मैंने यश प्रदान करने वाली विद्या को प्राप्त किया, शास्त्रों का तत्त्व जाना, भेद-उपभेद के बारे में जाना, ऐसे अग्रजन्मा गुरु को प्रणाम करता हूं और ब्राह्मण सकल जगत के तीर्थ हैं, परम पावन हैं। ऐसे विष्णुदूत मेरे पापों का हरण करें। मैं उन्हें प्रणाम करता हूं। इस प्रकार अपनी श्रद्धा व्यक्त करनी चाहिए।

देवायतन के निर्माण के विषय में बताते हुए सूत जी ने कहा कि कनिष्ठ देवालय तारहस्त होता है जो 25 उत्तम है, 32 सर्वोत्तम होता है और चतुष्कोणीय हो तो वह महान् फल देने वाला होता है। पुरद्वार, चतुरस और सम करना चाहिए। कलियुग अष्टकोण त्रिपुर नहीं बनवाना चाहिए। देवायतन में जितने भी परमाणु होते हैं, उतने सहस्त्र वर्ष तक वह मन्दिर-निर्माता स्वर्ग लोक में वास करता है। जो पतित हो गए हैं वह शुभ फल पाता हुआ उद्धार की दशा पाता है। जो देवालय का जीर्णोद्धार करता है वह दुगुना फल पाता है। जो विष्णु के प्रासाद को बनवात है अथवा ज्योतिर्लिंग निर्मित करता है अथवा सूर्य, ब्रह्मा, दुर्गा और श्रीधर के प्रासाद की रचना करता है, वह करोड़ों कल्प तक स्वर्गवासी होता है। ऐसा व्यक्ति चाहे क़िसी एक ही देवता का आलय बनाए वह कुल का उद्धारक और करोड़ों कल्पों तक स्वर्ग निवास का फल पाता है और इस अवधि के समाप्त होने पर वह मनुष्य योनि में जन्म लेकर धनी राजा, पूज्यतम हुआ करता है।

जिसकी बावड़ी में वर्षा के समय जल इकट्ठा रहता है वह अग्निष्टोम

का फल प्राप्त करता है। जहां शरद काल में भी जल स्थित रहता है वह यज्ञ फल से भी विशेषता पाता है। जिसकी बावड़ी में ग्रीष्मकाल तक जल विद्यमान रहता है ऐसा मनुष्य कभी नरक नहीं प्राप्त करता, सदैव स्वर्ग का वासी रहता है। पृथ्वी-मंडल में एक दिन भी स्थित रहने वाला जल उस निर्माता के आगे-पीछे के 14 कुलों का उद्धार कर देता है। इसी प्रकार माता, पितामह, गुरु, आचार्यों और राजा के कुलों का का उद्धार होता है। किन्तु आत्मा के साथ ही उद्धार का होना सम्मत कहा गया है।

पानी के बिना लोक में कहीं भी वृत्ति नहीं होती। जब तक जल गिरता है, व्यक्ति स्वर्ग में निवास करता है, और अन्त में ब्रह्मत्व को प्राप्त होता है। जल सूर्य की रश्मियों से युक्त होता है। वह विनिन्दित होता है और चन्द्रमा की रश्मियों से विहीन जल अमृतत्व के लिए उपयोगी नहीं होता। इसमें दस गुना कुंड में और दस गुना ह्रद में देवों का स्थापन करना चाहिए। वह अविर्मुक्त फल शुभ होता है। केशव, हरिवृक्ष, मधुप और किंशुक को अकाल में कभी स्थापित नहीं करना चाहिए। देवालय के आगे के भाग में पुष्करणी बनवानी चाहिए। ब्राह्मणों के समाज में, राजद्वार में और चतुष्पद में पुष्करणी होनी चाहिए और इस तरह देवों के अर्थ में और ब्राह्मणों के लिए सब प्रकार के सुख करने चाहिए। पश्चिम में पुष्टि काम को और उत्तर में समस्त कामनाओं को देने वाला होता है।

यज्ञपति होने से आहुति ओर होम की संख्या तथा मान का निरूपण वर्णित करते हुए सूतजी ने बताया कि जिस यज्ञ का जो मान होता है, उसे ही योजित करना चाहिए, बिना मान के यज्ञ हत होता है। यज्ञ का प्रथम मान एक शत होता है। फिर शत-सहस्त्र वाला मान होता है। अयुतमान चाहे राजा हो या कोई अन्य, वह सिद्धि को प्राप्त नहीं होता। वस्तुतः संसार में मनुष्य सर्वदा कर्मों के विपाक को प्राप्त करता है। इसी से मनुष्य शुभ-अशुभ फल पाता है। अतः शान्त पौष्टिक कर्म में नित्य युक्त, भक्ति भाव में यथाविधि पूजा करते हुए, शुभ-अशुभ का निश्चय करते हुए कर्म में लीन रहना चाहिए। राजा को लक्ष्यहोम और कोटिहोम विधि के अनुरूप अपने कर्म करने चाहिए। अन्य पुरुषों को शतादिक होम

करना चाहिए। जहां-जहां तप करें, होम करें, मान नहीं करना चाहिए। मानादि में अष्टक का न्यास करना चाहिए। अयुतहोम में, लक्ष्यहोम में और कोटिहोम में पहले दिन देवताओं का स्थापन, दूसरे में बलिदान और तीसरे दिन रात्रि में साध्य होने वाले कर्म पूर्ण करके विसर्जन करना चाहिए। विपरीत करने पर यज्ञ-फल की प्राप्ति नहीं होती।

कुंडों के संस्कार में शास्त्र के मत को बताते हुए सूतजी ने कहा कि असंस्कृत कुंड में होम करने से हानि होती है। पहले कुंड का संस्कार करना चाहिए। ये अठारह संस्कार होते हैं। कुश के जल से प्रसेचन, त्रिसूत्रीकरण करते हुए वृत्त सूत्र का निपातन और कीलक देते हुए नारसिंह यन्त्र का कुड्मल, जिह्वा की प्रकल्पना, अग्नि का समाहरण, नदी, पर्वत और शला तथा स्त्री के हाथ में अग्नि लाना परिवर्जित मानते हुए पहले संस्कार से परिग्रहण और फिर अग्नि को अपने अभिमुख करके प्रति ग्रहण, वह्नि और शिव-बीज से प्रोक्षण वागीश्वर से समागत ऋतु स्नान करने वाली वागीश्वरी का ध्यान करके समीरण काल बीज से ईशान दिशा की योनि में अग्नि का निक्षेपण; पश्चात देवी और देव का आचमन करना चाहिए। वह्नि पूजन मन्त्र का पारायण करते हुए होमों में संयत होकर हिरण्या का होम करना चाहिए।

समिधाओं के भेद में जो जिह्वा होती है उसी के द्वारा योजित करते हुए संयत आत्मा से हिरण्यों का होम करना चाहिए। त्रिमह व्यक्तों से होम को कर्णिका में, शुद्ध क्षीर से रक्त में होमना चाहिए। पुण्य होम में बहुरूपा जिह्वा होती है। अन्न और पायस में कृष्ण, इक्षु होम में पद्मरागा, पद्महोम में सुवर्ण, बिलव पत्रों के द्वारा किए गए होम में श्वेता, तिलों में धूमिनी और कांड में कराला, पितृहोम में लोहितास्या और इसके अनन्तर मनोजवाजानवी चाहिए। आज्यहोम में जो समृद्धि है, वह वैश्वानर युक्त है। वह्नि के समस्त कर्मों में पालनकर्त्ता आस से हवन करना चाहिए। कर्णहोम में व्याधि होती है, नासिका में मन को पीड़ा। गुह्य में होम विपत्ति करने वाला होता है अतः इसमें नहीं करना चाहिए। इस प्रकार के दोषों में प्रायश्चित्त और गुणों में फल का

ध्यान रखते हुए 28 आहुतियां छोड़कर ब्राह्मण को भोजन कराना चाहिए और मूल के द्वारा आज्य से हवन करते हुए पंचविंशति हवन करना चाहिए और महास्नान करके त्रिकाल में हरि का पूजन भी करना चाहिए।

मंडल'के विषय में बताते हुए सूत ने कहा कि सिद्धियां मंडलों के अधीन होती है अतः मंडलों की रचना समाहित होकर करनी चाहिए। देवता कमल पर निवास करते हैं इसलिए बिना कमल के यजन नहीं करना चाहिए। अन्यथा यक्षिणी अर्चना को हरकर ले जाती है। रज के साध्य होने में सतगुण और केवल में द्विगुण फल होता है। वन्दन के द्वारा साध्य में तीन सौ गुना फल निहित होता है और रजोष्ट्वा में सहस्त्र गुना फल होता है। इसके द्वारा जो सोलह है, सैकड़ों फल देने वाला होता है। मंत्र में, मणि में, शालाग्राम में और प्रतिमा में यह विशेषरूप से होता है। महालय, महायोनि और एक लिंग में अधिक होता है। जो रजयुक्त पूजा के कार्य में लिखता है वह विभूतिदायी होता है, जिसके करणादि फल हों, उसे विवर्जित कर देना चाहिए।

पारिजात, चन्द्र बिम्ब, सूर्यकांत, शेखर शतपत्र, सहस्त्राक्ष, नवनाम, और मुष्टिक होते हैं, पंचाव्ज मैनाक, कामराज, पुस्कर, अस्टस्त्रा, श्री विम्ब, षडस्त्र, और त्रसस्त्र नाम वाले होते हैं। इस प्रकार ये पैंतालीस नब्यूढ़ गिनाए गए हैं। शाक्तों के काम पक्ष में पंच सिंहासन महान् होता है। ध्यानाचल में मेरु पृष्ठ होता है तथा मणिमुक्ता चलो में भी यही होता है। अन्नदान और तिलाचल में सहस्त्र और शतपत्र होते हैं। राजसूय यज्ञ में हरिवल्लभ होता है। जो सोम यागों में भी प्रशस्त कहा जाता है। प्रतिष्ठा में समुद्र तथा सर्वतोभद्र ही होता है। जहां जलाश की प्रतिष्ठा होती है वहां वह्निराज प्रशस्त माना जाता है। घर के शतपत्र में गजन्ह तथा तुर्गासन होता है। लक्ष्यहोम में शतपत्र तथा अयुत होम में चतुस्त्रक हुआ करता है। जिस यज्ञ का जो बिम्ब होता है, वह उसी से योजित करना चाहिए। इससे अन्यथा करने पर दोष होता है और विपरीत करने में अधोगति हुआ करती है। चतुस्त्रावेदि दो हाथ की बताई गई है। चार अंगुल ऊंचाई वाली अथवा छः अंगुल ऊंचाई वाली होनी चाहिए यज्ञवेत्ता को नवव्यूह में '6 अंगुल

वेदी का प्रयोग नहीं करना चाहिए। भली-भांति समाहितों के द्वारा एक अंगुल का समुत्सेद करना चाहिए। क्रौञ्च प्राण में तुर्यहस्त, मुष्टि समुच्छित, मध्यद्वय में हीन कर और कनिष्ठ तीन अंगुल अधिक होता है। हे द्विज! दो-तीन के क्रम से ऊंचाई कम कर देनी चाहिए। पारिजात चन्द्र बिम्ब, सूर्यकांत और शेखर इनके ग्रहों के पौष्टिक पक्ष में, बाह्य ग्रामादिक साधन में नियोजित करना चाहिए। वहां पर वेदिका का त्रय क़रें।

प्रथमे मुष्टिहस्त, शेष मान के द्वारा सम्पूर्ण करें। नव भाव में पंचाब्ज और क़र त्रय का उदाहरण दिया गया है। शेष वरिष्ठा, लवली मित्तिवेदिका का ज्ञान होना चाहिए। इन सभी को यथाकाम्य योजित करना चाहिए अथवा व्यत्य में दोष माना जाता है। अतः बड़े यत्न के साथ साधन करना चाहिए। दशहस्त में, आठ हस्त, अष्ट हस्त, में षोडश हस्त का साधन करें। एक हाथ उत्सर्ध करना चाहिए। जो हीन हो उसमें हीनता को कम करना चाहिए। शांति कर्म योग में दर्पणा कारक करना चाहिए। परिस्तव में विप्राकर प्रयत्न से हीन करना चाहिए। निशारण और गोत्रय से वेदिक का प्रलेपन करना चाहिए। स्वर्ण रत्न में परिपूर्ण कुशोदक जल से अभिमोचन करें। कुंड के मंडल के लेपक करने से कार्य में हीन वीर्य गौओं के पुरीष को यत्नपूर्वक ग्रहण करना चाहिए। समस्त यागों में स्थडिलों में यत्नपूर्वक इनका तिरोभाव करना चाहिए। इसके लिए जो सूत्र हाथ में अर्क के समान हो, लाक्षा के समान मृदु हो, पीतकार्य स्रज एवं कीलक के समान स्वर्ण निर्मित हो, वैष्णव याग कर्म में प्रयोजनीय है। तैप्य तथा ताम्रपर्णी होना चाहिए। गणनायक में शेष तथा अपामार्ग ही प्रशस्त है, षोडश में और अर्क में वहां नेमियुत होना चाहिए। इस प्रकार विधिपूर्वक यह विधान करना ही शुभ फलदायी होता है।

प्रतिसर्ग पर्व

सूतजी ने नरपति राज्य-काल का वर्णन करते हुए बताया कि भविष्य नामक महाकल्प में ब्रह्मा की आयु के अन्तिम अर्धक के प्रथम वर्ष के दिन में वैवस्वत मनु हुए। जिन्होंने सरयू नदी के तट पर दिव्य तप करके इक्ष्वाकु महीपति पुत्र प्राप्त किया। जिसे ब्रह्मा के वरदान से एक दिव्य यान मिला। इस राजा ने नारायण का पूजन करके श्री हरि विष्णु के लिए राज्य को समर्पित करते हुए 36000 वर्ष तक राज्य किया। इसके पुत्र विकुक्षि ने एक सौ वर्ष तक राज्य किया। विकुक्षि के पुत्र रिपुंजय ने सौ वर्ष से कम समय तक राज्य किया और इस प्रकार श्रवस्थ, वृहदश्व, कुवलयाश्व तक, एक सौ वर्ष से कम अवधि तक राज्य करने वाले राजा हुए। इसका पुत्र निकुम्भक हुआ जिसने एक सहस्त्र वर्ष से कम अवधि तक राज्य किया। इसके पुत्र का नाम संकटाश्व था। इस वंश-क्रम में प्रसेनजित के पुत्र तद्रवर्णाश्व से मान्धाता हुए। मान्धाता ने शतहीन राज्य किया।

इनके पुत्र पुरुकुत्स ने भी शतहीन शासन किया। इनके पुत्र त्रिशदश्व थे, इनके रथ में तीस श्रेष्ठ अश्व वाहक थे। इनकें यहां अनरण्य ने जन्म लिया जो 28 वर्ष तक शासन करता रहा। यह सतयुग के द्वितीय चरण में कहा गया है। इसके पश्चात इस वंश क्रम में उत्पन्न पृषदश्व ने 6000 वर्ष तक राज्य किया। इसके पुत्र हरिअश्व ने सहस्त्रहीन राज्य किया और इस क्रम में वसुमान तात्विधन्वा राजा हुए। इसके पश्चात् द्वितीय सत्यपाद समाप्त होने पर त्रिधन्वा राजा का पुत्र त्रयारण्य हुआ। इसने भी सहस्त्रहीन राज्य किया और इसके पुत्र त्रिशंकु ने एक सहस्त्रवर्ष राज्य किया। यह छल से हीनता को प्राप्त हुआ था। इसके पुत्र हरिश्चन्द्र ने बीस हजार वर्ष तक राज्य किया और सत्यवादी के नाम से प्रसिद्ध हुए। इस वंश-क्रम में रोहित के पुत्र हरीत के पुत्र चंचभूत के पुत्र विजय के पुत्र तद्रुरुक हुए। इनका भी राज्यकाल

पिता के ही समान रहा था। इनके पुत्र सागर हुए।

वाहुसेना के अन्त तक होने वाले भूप समस्त वैष्णव कहे गए हैं। वैवस्वत आदि राजाओं ने भली-भांति राज्य मान लिया था। उस समय उनका राज्य धन वैभव से परिपूर्ण था। सतयुग के तीसरे चरण में सगर राजा हुए। ये शिव के परम भक्त तथा सादाचारी थे। इनके पुत्र सागर कहलाए। इनका राज्य तीस सहस्त्र वर्ष तक बताया गया है। सागरों के नष्ट हो जाने पर अंशुमान पुत्र उत्पन्न हुए। इसने शतहीन राज्य किया। इसके पुत्र का नाम दिलीप था। इससे उत्पन्न भगीरथ का राज्य भी शतहीन हुआ। भगीरथ के श्रुतसेन ने भी शतकम राज्य किया। जिनके पुत्र नाभाग का राज्य भी शतहीन रहा। इसके पुत्र अम्बरीष हुए। ये सभी राजा शैव कहलाए। केवल नाभाग ही विष्णु-भक्त वैष्णव कहलाया। राजा अम्बरीष ने सतयुग के चतुर्थ चरण में आकर अठारह हजार वर्ष तक निष्कंटक राज्य किया।

इसमें अम्बरीष के वंशज सिंधु द्वीप ने शतहीन राज्य किया। इस वंश क्रम में आयुत्ताश्व से ऋतुपर्ण से कल्याण से पाद से सुदास से अदशमक से हरिवर्मा तक राज्य परम्परा में सुदास तक सभी राजा कहलाए और इन्होंने शतहीन राज्य किया। सुदास ने राज्यभांग को गुरुजी के लिए समर्पित कर दिया। गोकर्ण लिंग का भक्त था। यह उस समय शैव कहलाता था। इनमें हरिवर्मा शमाकज था। यह वैश्य की भांति साधु-पूजक हुआ, इसने तीस हजार वर्ष तक राज्य किया। इसके पुत्र दशरथ हुए जिनके पुत्र विश्वसह ने दस हजार वर्ष तक राज्य किया, इसमें अधर्म के प्रताप से बड़ी भारी हानि हुई। राज्य विनष्ट हो गया तब वशिष्ठ मुनि ने यज्ञ करके खट्वांग को उत्पन्न किया। यह शस्त्र को धारण किए था, इसके पुत्र दीर्घबाहु ने बीस हजार वर्ष तक राज्य किया। इसके पुत्र सुदर्शन हुए।

दशरथ के अन्त तक तीन वैष्णव और विख्यात वात्सल्य वाले राजा हुए थे। सुदर्शन महान् पंडित थे। इन्हें एक बार महाकाली ने स्वप्न में आकर कहा कि तू अपनी प्रिया के साथ हिमालय पर्वत पर चला जा, वहां निवास कर। महान् वायु का ऐसा प्रभाव होगा कि इस भरत खंड का विनाश हो जाएगा। जितने प्रसिद्ध द्वीप हैं सब क्षय को प्राप्त हो चुके। भारतवर्ष ही यह

है जो सातवें वर्ष दिन में प्रलय को प्राप्त हो जाएगा। जीवित रहने का एक साधन है कि इस भूमि को छोड़कर अन्यत्र जा बसा जाए। महाकाली के इस प्रकार भविष्य कथन को सुनकर राजा हिमालय पर्वत पर चले गए। उनके साथ मुख्य राजा प्रधान द्विज और वैश्य भी चले गए। कुछ काल के पश्चात् समस्त पृथ्वी पर जल ही जल हो गया। फिर वायु ने समस्त जल का शोषण कर लिया और दस वर्ष पश्चात् यह पृथ्वी फिर स्थल रूपा हो गई।

मायादेवी के प्रभाव से सारा नगर परम मनोरम हो गया, राजा सुदर्शन पुनः अयोध्या लौट आए। दस हजार वर्ष तक राज्य के राजा सुरलोक को प्रस्थान कर गए। उनके पुत्र दिलीप हुए। दिलीप के नंदिनी गौ के वरदान से रघु उत्पन्न हुए इन्हीं का वंश आगे रघुवंश कहलाया। इनके अज नाम का पुत्र उत्पन्न हुआ। इसने पिता के समान ही यश एवं वैभव-सम्पन्न होकर राज्य काल बिताया। इनके यहां दशरथ उत्पन्न हुए। महाराजा दशरथ के राम, लक्ष्मण, भरत, शत्रुघ्न चार पुत्र हुए।

भगवान राम के रूप में ये स्वयं हरि विष्णु ही अवतरित हुए थे। इन्होंने ग्यारह हजार वर्ष तक राज्य किया। राम के पुत्र लव-कुश में कुश राजा हुए, इन्होंने दस हजार वर्ष तक राज्य किया। कुश के अतिथि के निबन्ध के यहां नल नाम के क्षेमधन्वा के द्वारक के अहीन के यहां कुरु हुए। इस प्रकार भारत अन्तर में त्रेता का प्रथम चरण समाप्त हुआ। ये सभी राजा यशस्वी तथा कुल की मर्यादा बढ़ाने वाले—प्रजापालक के रूप में प्रसिद्ध हुए। कुरु के यहां दलपाल नाम के पुत्र ने जन्म लिया। वह भी पिता के समान ही राजा था। दलपाल के छद्‌मकारी→उक्थ→व्रजनाभि→शग→व्युत्थनाभि→विश्वपाल पुत्र हुआ।

इसके स्वर्ण नाभि उत्पन्न हुआ स्वर्ण नाभि के यहां पुष्प सेन का पुत्र ध्रुव हुआ। ध्रुव का पुत्र अपवर्मा→शीघ्रगन्ता→मरुपाल को प्रसूत श्रुत कहा गया। इसके यहां सुसंधि हुआ। इन सबका राज्य भी पिता-तुल्य ही था। भारत अन्तर में यहां त्रेता का दूसरा चरण समाप्त हुआ। सुसंधि के पुत्र भामर्भ→महाश्व→वृहदबाल→वृहदैशान→मुरुक्षेप, वत्सवाल→वत्सव्यूह→ज्यौमा नाम के पुत्र उत्पन्न हुए और यह वंशक्रम सुप्रतीक तक

चला तथा सुप्रतीक ने सुनक्षत्र, केशीनर, अन्तरिक्ष, सुर्वाणग, बृहद्राज, धर्मराज, कृतंजय, संजय, शाक्य वर्धन, क्रोधदान, तुल विक्रम का जन्म हुआ। इन सभी ने अपने पिता के समान ही राज्य से भोग किया। तुल विक्रम से प्रसेनजित से शूद्रक के सुरथ जन्मे। इन सबने पिता के समान ही राज्य-सुख प्राप्त किया। समस्त रघुवंशियों में 65 राजा हुए। ये देवी-पूजन में तत्पर रहे और हिंसा यज्ञ के परायण रहते हुए स्वर्ग लोक को गए। जो पुत्र बुध उत्पन्न हुए ये सभी वर्णसंकर कहलाए। त्रेता के तीसरे चरण के आरम्भ होने से ये नवीनता को प्राप्त हुए। इन्द्र ने भूमंडल पर चन्द्रमा को अवतरित किया जो समान रूप से विष्णु और शिव का भक्त था। इसने मायादेवी को प्रसन्न करने के लिए सौ यज्ञ किए और 18000 वर्ष तक राज्य किया। इसका वंश इस प्रकार है। चन्द्र, बुध, मेरुदेव, पुरुरवा, आयु, नहुष। राजा नहुष ने अपने पिता के बराबर राज्य करते हुए इन्द्र की पदवी प्राप्त की और तीनों लोकों को वश में कर लिया। महामुनि दुर्वासा के शाप से यह अजगर हो गया। इसके पुत्र ययाति के पांच पुत्र हुए। तीन म्लेच्छ हो गए। दो आर्यपुत्रों में यदु का वंश इस प्रकार रहा। यदु, कोष्ठा, वृजिनहन, स्वाहार्चन, चित्रस्थ, अरविन्द, श्रवा, तामस, उशन, शीतांशुक, कमलांशु, पारावत, जामग, विदर्भ, क्रात, कुन्तीभोज।

पुरु दैत्य-सुता का पुत्र था। इसके पुत्र वृषपर्वण, मायाविद्य, जनमेजय, प्रचिनवान, प्रवीर, नभस्य, भवद, सुद्युम्न, बाहुगर। इन सभी ने पिता के समान राज्य किया। बाहुगर का पुत्र सयाति, धनयाति, ऐन्द्राशव, रन्तिनर, सुतपा, सवरण। संवरण ने हिमालय में जाकर सौ वर्ष तक तपस्या की। तब सूर्य ने इसकी तपस्या से प्रसन्न होकर तपती नाम की पुत्री को इसे दे दिया। राजा संतुष्ट होकर सूर्य लोक को चले गए। इसके पश्चात् माया के प्रभाव से समस्त भारत देश प्रलय से आच्छादित हो गया और दो वर्ष तक जलमग्न रहा। वायु के प्रभाव से सागर शुष्क और अगस्त्य द्वारा भूमि फिर से दिखाई देने लगी।

द्वापर युग के राजाओं के विषय में विवरण देते हुए सूतजी ने बताया कि भाद्र महीने के कृष्ण त्रयोदशी के दिन राजा सवरण मुनियों के साथ पुनः पृथ्वी पर आया और यहां 10000 वर्ष तक राज्य किया। संवरण का

वंश इस प्रकार चला। अर्चांग, सूर्यजापी, सूर्ययज्ञ, आतिथ्यवर्धन, द्वादशात्मा, दिवाकर, प्रभाकर, भास्वदात्मा, विवस्वंज, हरिदर्श्वाचन, वैकर्तन इन सभी का ,राज्यकाल अपने पिताओं से सौ वर्ष कम होता चला गया। वैकर्तन के अर्केष्टिमान से यह वशं यज्ञक तक चला और इस वंश में वैरोचन नाम का राजा वेदज्ञानी हुआ। इसके वंश में वेदप्रवर्धन से सावित्र, धनपाल, आनन्दवर्धन, धर्मपाल हुआ। धर्मपाल ब्रह्मभक्त था। इसके यहां ब्रह्मोष्टिवर्धन नाम का पुत्र उत्पन्न हुआ। इसके वंश में परमेष्ठ, हैरण्यवर्धन, धातृयाजी, धातृप्रपूजक, द्रोहिणकृतु से होता हुआ यह वशं प्रतंस तक चला। प्रतंस का पुत्र परातंस हुआ। इसके वंश में सातवीं पीढ़ी में दुष्यन्त का जन्म हुआ। दुष्यन्त ने विश्वामित्र की कन्या शकुन्तला के द्वारा भरत को जन्म दिया। जो महामाया के प्रभाव से 3600 वर्ष आयु वाला हुआ। भरत के नाम से ही इस खंड का नाम भारतवर्ष पड़ा। भरत के वंश में महाबलि प्रतापेन्द्र ने दस हजार वर्ष तक भारतवर्ष पर राज्य किया। प्रतापेन्द्र के पुत्र मंडलीक, विजयेन्द्र, धनुर्दीप, हस्ति हुआ।

इसने ऐरावत के पुत्र गज पर आरोहण करके पश्चिम देश में हस्तिना नगरी बसाई और दस हजार वर्ष तक राज्य किया। अजमीठ के वंश में कुरू का जन्म हुआ। यह इन्द्र के वरदानस्वरूप सशरीर स्वर्ग को गया था। इसी काल में सात्वत वंश में वृष्णि नाम का महाबलवान् हुआ। इसने मथुरा नगरी बसाकर सारा राज्य अपने वश में कर लिया था। अद्भुत कर्म करने वाले भगवान् नारायण के वरदान में पांच हजार वर्ष तक सम्पूर्ण राज्य को अपने वश में रखा। इसके यहां निरवृत्ति नाम का पुत्र उत्पन्न हुआ। इसका वंश इस प्रकार चला निरवृत्ति, दशारी, व्यायुन, जीमूत, विकृत, भीमरथ, नवरथ, दशरथ, शकुनि, कुशुम्भ। ये सभी अपने पितृ तुल्य राजा हुए।

कुशुम्भ की वंशावली इस प्रकार रही–कुशुम्भ→देवरथर→देवक्षेत्र मधु→नवरथ→कुरुवत्स→अनुरथ→पुरुहोत्र→विचित्रांग→सात्वतवान→ यजमान→विदूरथ→सुरभक्त ने जन्म लिया। ये सब भी अपने पिता के समान ही राज्योपभोग करते हुए सद्गति को प्राप्त हुए। सुरभक्त के यहां सुमना का जन्म हुआ। इस वंश-क्रम में ततिक्षेत्र, स्वायंभुव, सुरपाल हुआ। यहां द्वापर के तीसरे चरण के व्यतीत होने पर कुरू स्वर्ग की अप्सरा सुकेशी

का पति हुआ। भारत खंड में आकर इसने कुरूक्षेत्र बसाया, यह परम पुण्य क्षेत्र कहलाया। यहां कुरू ने बारह हजार वर्ष तक राज्य किया था।

इसमें यहां जहु का जन्म हुआ। इसके वंश में सुरथ, विदुरथ, सार्वभौम, जयसेन, अर्णव, अयुतायु, अक्रोधन, ऋतु, भीमसेन, दिलीप, प्रतीप, शान्तनु, विचित्रवीर्य हुए। इसने दो सौ वर्ष तक राज्य किया। विचित्रवीर्य के दो पुत्र हुए–धृतराष्ट्र तथा पाण्डु। धृतराष्ट्र अन्धे थे अतः पाण्डु राजा हुए। इन्होंने पांच सौ वर्ष तक राज्य किया। पाण्डु के ज्येष्ठ पुत्र युधिष्ठिर के पचास वर्ष तक राज्य किया। धृतराष्ट्र के पुत्र दुर्योधन ने 60 वर्ष तक राज्य किया। युधिष्ठिर तथा दुर्योधन में महाभारत युद्ध होने पर दुर्योधन मारे गए तथा युधिष्ठिर पुनः राजा बने। देवों तथा असुरों के पूर्वकाल में युद्ध में जो असुर मारे गए थे, उन सभी ने राजा शन्तुर्नुक राज्य में जन्म लिया था। एक लाख अक्षौहिणी सेना थी। इनके भार दबी यह पृथ्वी उत्पीड़न अनुभव कर रही थी तथा इन्द्र की शरण में पहुंची थी। इसके पश्चात् भगवान् विष्णु ने कृष्ण के रूप में अवतार लेकर देवकी के गर्भ से जन्म लिया था। इस प्रकार महान् वीर्य वाले भगवान् कृष्ण का एक अंश रोहिणी के गर्भाशय में गया था। एक सौ पैंतीस वर्ष तक कृष्ण इस भारत खंड में वास करके अन्त में गोलोक को लौट गए थे। विद्वानों ने द्वापर के चतुर्थ चरणान्त में भगवान् हरि का जन्म बतलाया है।

युधिष्ठिर के पश्चात् उत्तरा के गर्भ से जन्मे परीक्षित-पुत्र जनमेजय का राज्य काल एक हजार वर्ष तक रहा, इनके पुत्र शतानीक हुए। इन्होंने पिता के ही समान राज्य किया। शतानीक के यज्ञदत्त, निश्चक्र, हुए। निश्चक्र के वंश में तदुष्टपाल, चित्ररथ, धृतिमान, सुषेण, सुनीथ, मखपाल, चक्षुत्र, सुखवत, परिप्लव, मनुश, कृपञ्चय, मृदु, तिग्म ज्योति, हुए। इनका आगे वंश-क्रम इस प्रकार रहा, तिग्म ज्योति, वृहद्रथ, वसुदान, शतनीक, उद्यान, अहिर, निमित्र, दीमक। क्षेमक ने राज्य का दान कर दिया था और मेधावी कलाप में ग्राम आश्रित होकर रहने लगा था। म्लेच्छों ने राजा का वध कर डाला था। यह यमलोक को चला गया था। इसका पुत्र प्रद्योत हुआ। इसने नारद के उपदेश से म्लेच्छ यज्ञ करके सभी म्लेच्छों का नाश

किया और ब्राह्मणों को दक्षिणा देकर तुष्ट किया। इसके फलस्वरूप उनके पिता क्षेमक स्वर्ग को प्राप्त हुए। क्षेमक के पुत्र प्रद्योत के यहां वेदवान नाम का पुत्र, उत्पन्न हुआ। इसने दो हजार वर्ष तक राज्य किया।

कलि स्वयं म्लेच्छ था, इसने भगवान विष्णु की पूजाराधना करके उन्हें प्रसन्न कर लिया और वेदवान द्वारा अपने विनष्ट होने की कथा कह सुनाई। विष्णु ने उसको स्वयं अवतार लेकर इच्छा पूरी करने का आश्वासन दे दिया। विष्णु कर्दम से म्लेच्छों के वंश में प्रवर्धन करने वाले उत्पन्न हुए। कलि आनंन्द से संकुल हो गया तथा नीलांचल पर्वत पर वास करने लगा। वेदवान का पुत्र सुनन्द निस्संतान की मृत्यु को प्राप्त हो गया। आर्यदेश का यह पराभव काल था तथा म्लेच्छ विकसित होने लगे थे।

कलयुग की पूर्ण गाथा के संदर्भ में सूतजी ने भष्यिवाणी करते हुए कहा कि द्वापर के कुछ समय शेष रहने पर यहां धरती पर म्लेच्छ देश की कीर्ति फैलने लगेगी। इस कथा को आगे बढ़ाते हुए सूतजी ने बताया कि आत्मा के ध्यान में परायण, इंद्रिय-दमन करके आदम पुरुष जन्म तथा हव्यवती उसकी पत्नी हुई। प्रदान नगर के पूर्व भाग में महावन में पापवृक्ष के नीचे हव्यवती से मिलने को आतुर आदम उपस्थित था कि सर्प के रूप में कलि वहां आ गया। विष्णु की आज्ञा का उल्लंघन करके उस देवी ने आदम के साथ उदुम्बर के पत्तों से वायु का भक्षण किया। इसके पश्चात् उनके सभी पुत्र म्लेच्छ हो गए। फलों का सेवन करता हुआ आदम तो स्वर्ग को चला गया। उसका श्वेत नाम का पुत्र परम प्रसिद्ध हुआ। इसके वंश में अनुह, कीनाश, महल्लल, विरद, हनुक, मताच्छिल, लोमक, न्यूह हुए आगे न्यूह के तीन पुत्र हुए, सीम, शाम तथा भाव। विष्णु के स्वप्न में आने और दिए आदेश के अनुसार न्यूह ने महानौका में सवार होकर जीवन-रक्षा की। समस्त भारतवर्ष जलमग्न हो गया। महामाया की कृपा से एक वर्ष पश्चात् ही प्रलय लुप्त हो गई और वहां थल भाग प्रकट हो गया। सूतजी ने कहा कि राजा न्यूह ने म्लेच्छ होकर भी भगवान् विष्णु को प्रसन्न किया और अपने वंश का विस्तार किया। वेदवाक्यों के विपरीत म्लेच्छों की भाषा निर्मित की और इस

प्रकार अपने पुत्रों का नाम उसने सीम, शाम और भाव के स्थान पर सिम, हाम तथा याकूत नाम दिया। इसमें मादी, युनान तथा इस्तूवलोम नामों को निदेश किया। जुमरादश, कनाब्जदश्व, ऋफत, तर्ज्जुस–ये उनके नामों से देश कहे गए। यूनादि सुत कहे गए। इलीश, तर्लीक्ष, कित्ती और हूत उनके देश बनाए गए। दूसरे पुत्र हाम से कूश, मिश्र, कूज और कनआं, चार पुत्र हुए। कूश के छः पुत्र कहे गए। इनमें हवील, सर्वतोरगम, सबतिका, निमरूह आदि हुए। इनके आगे पुत्र अकदबाबुन, रसना आदि हुए और यह वर्णन सुनाते हुए सूत निद्रामग्न हो गए।

दो हजार सौ वर्ष बाद पुनः चेतनता सूतजी ने म्लेच्छ वर्णन प्रारम्भ करते हुए कहा कि न्यूह के ज्येष्ठ पुत्र सिम राज्य के अधिकारी हुए। इनके वंश में अर्कसंद, तीर, सिह्ल, इवतस्य, फजल, रउमाधारी, जूजआमक, नहूर, ताहर, अविराम हुआ। म्लेच्छों की भाषा को महादेवी सरस्वती का श्राम हो गया। यह भाषा अधम कही गई। संस्कृत ही एक वाणी है जिससे भारतवर्ष प्रफुल्लित हो रहा है। अन्य खण्डों की भाषा म्लेच्छ हो गई।

सूतजी ने कथा को आगे बढ़ाते हुए बताया कि कलियुग के तीन हजार वर्ष समाप्त होने पर इस समय म्लेच्छ देशों के शकों का पति राज्य कर रहा है। कलयुग के दो हजार वर्ष बीत जाने पर यह सारा भूमंडल म्लेच्छों से परिपूर्ण हो गया था। देव–अर्चन और वेदभाषा समाप्त हो गए। ब्रजभाषा, महाराष्ट्री, यावनी और गुरुण्डिका, म्लेच्छ भाषा के रूप में विकास पा गईं। इनमें हानीय को पानी और बुभुक्षा को भूख कहा गया। भोजन को कक्न, पितृ को पैतर, भ्राता को बादर कहा गया। यावनी भाषा में अश्व को आस्प कहा जाता है। इसी प्रकार गुरुण्डिका भाषा में रविवार को संडे, फाल्गुन को फरवरी कहा गया षष्ठी का सिक्स्टी हो गया। परम पवित्र पुरियां हिंसा का केन्द्र बन गईं। गुणी और बुद्धिमान मनुष्य भी म्लेच्छ कर्म का आचरण करने लगे। आजकल भारतवर्ष में म्लेच्छों का राज्य है। सूतजी से भारत दुर्दशा सुनकर मुनिगण रुदन करने लगे।

ब्रह्मावर्त में म्लेच्छ लोगों के प्रभाव न होने का कारण सरस्वती को बताते हुए सूतजी ने कहा कि कश्यप का वंश ब्राह्मण एक हजार वर्ष कलयुग

में रहने पर स्वर्ग लोग का वासी हुआ। उसने अपने जीवन काल में आर्यावती भार्या के गर्भ से उपाध्याय, दीक्षित, पाठक, शुक्ल, मिश्र, अग्निहोत्री, द्विवेदी, पांडेय आदि दस निष्पाप पुत्रों को जन्म दिया। कश्यप ने जगदम्बा सरस्वती की पूजा करते हुए निवेदन किया कि हे देवी मां, आप धर्मद्रोही का नाश करती हैं, भक्त-वत्सला हैं, कृपा कर म्लेच्छों से पृथ्वी का भार हल्का करें और संस्कृत का विकास करें। देवी ने प्रसन्न होकर उन्हें ज्ञान प्रदान किया, मुनि मिश्र देश को चले गए और म्लेच्छ मोहित होकर द्विजन्मा हो गए। यह पूरा आर्य प्रदेश देवी के वरदान से फलने-फूलने लगा। कश्यप का राज्यकाल एक सौ बीस वर्ष कहा गया है।

राज्य पुत्र नाम वाले देश में आठ हजार शूद्र थे। उनका राजा पृथु था। इससे मगध उत्पन्न हुआ और इस वंश में मागध अपने पिता के राज्य का विस्तार किया और आर्य देश को पृथक् किया। पांचाल से पूर्व मागध, कलिंग और अवन्ति, दक्षिण, सिंधु पश्चिम में बसा है तथा उत्तम में मद्र देश है। मगध के पुत्र कृतु के उद्वहन से शिशुनाग से काकवर्मा, से क्षेमधर्मा, से क्षेतौजा, से वेद मिश्र उत्पन्न हुआ। वेद मिश्र का पुत्र अजांतशत्रु हुआ। इसके यहां उदयाश्व ने जन्म लिया जिसका पुत्र नन्द हुआ। यह शूद्रा के गर्भ से उत्पन्न हुआ था। यह वंश प्रनन्द, परानन्द, समानन्द, प्रियानन्द, देवानन्द, यज्ञभंग, मौर्यानन्द, महानन्द, तक चला। ये सभी अपने पिता के समान राज्य वैभावशाली हुए। इसी काल में कलि द्वारा हरि का स्मरण करने पर कश्यप से गौतम का जन्म हुआ। इन्होंने बीस वर्ष तक राज्य किया। ये बौद्धधर्म का संस्कार करके हरि पट्टण में प्राप्त हुए। इन सभी बौद्ध राजाओं ने साठ वर्ष तक राज्य किया।

शाक्यसिंह से बुधसिंह तक आते हुए इनके वंशज पिता ने आधे समय तक ही राज्य कर पाए। इनके पुत्र का नाम चन्द्रगुप्त था। जिसने पौरस पुत्री से विवाह किया, जिससे बिन्दुसार का जन्म हुआ। बिन्दुसार के पुत्र अशोक हुए। इसी काल में कान्यकुब्ज ब्राह्मणों ने अरबुद के शिखर पर जाकर ब्रह्महोम किया। इसके प्रभाव से चार क्षत्रिय उत्पन्न हुए। प्रमर, सामवेदी, चपहानि और यजुर्वेदी। अशोक को इन्होंने अपने वश में [illegible] लिया और सबका विनाश

कर दिया। बौद्धों की संख्या चार लाख बताई गई है। अवन्ति देश में प्रमर राजा अम्बावती में प्रतिष्ठित होकर वैभव को प्राप्त हुआ।

आगे सूतजी ने बताया कि चित्रकूट गिरि प्रदेश में परिहार नाम का राजा राज्य करता था और वहां कलिंजर पुर परम रम्य तथा अक्रोशायतन कहा गया है। यहां बौद्धों का हनन करने वाला हुआ। राज पुत्र प्रदेश में चंपहानि राजा हुआ। अजमर पुत्र अत्यन्त रमणीय तथा सभी साधनों से सुलभ था। शुक्ल नाम का राजा अन्तर्मण्डल में द्वारका नगरी में निवास कर परम सुखी हुआ। इन राजाओं के विषय में विस्तार से जानने की शौनक की इच्छा देखकर भी सूतजी ने गहन निद्रा की ओर देख सभा स्थगित कर दी तथा निन्द्रामग्न हो गए। दो हजार वर्ष के पश्चात् पुनः जागकर सूतजी ने बताया कि सैंतीस सौ दस कलयुग के बीत जाने पर प्रमर राजा ने छह वर्ष तक राज्य किया। इसके वश में महामद, देवापि, देवदूत, गन्धर्वसेन, शंख हुए शंख ने तीस वर्ष तक राज्य किया।' कहते हैं, सुरराज इन्द्र ने एक वीरमती अप्सरा को पृथ्वी पर भेज दिया। इसने बीस वर्ष तक राज्य किया। शिवदृष्टि के यहां शकों का विनाश करने तथा आर्यों के धर्म-वृद्धि करने के लिए एक पुत्र उत्पन्न हुआ। इसका नाम विक्रम रखा गया।

यह बाल्यकाल से ही बड़ा मेधावी था। इसने बारह वर्ष तक तप किया। इसके पश्चात् यह दिव्य गुण-युक्त अम्बापुरी में गया। उसके लिए स्वयं शिव ने 38 मूर्तियों से युक्त सिंहासन भेजा था। उसने वह ग्रहण किया। पार्वती ने उसकी रक्षा के लिए ही बैताल को भेजा था। एक बार वह महाकाल परमवीर पिनाकी शिव की पूजा-स्थल पर उनकी पूजा करने गया। यहां उसने धर्ममयी सभा का आयोजन किया। उसमें अनेक धातु स्तम्भ खड़े किए गए, अनेक वृक्ष आदि से सजाया गया। यहीं वह दिव्य सिंहासन पर विराजमान हुआ। वेद-वेदांगों के विद्वानों का आह्वान करके विधि-विधान से पूजा सम्पन्न करायी। धर्म माया का श्रवण पाठन किया गया। बैताल ने ब्राह्मण वेश में आकर उसकी अत्यन्त प्रशंसा की।

यह विप्र आसनाधिष्ठित होकर राजा से बोला, यदि आपकी श्रवण करने की अत्यन्त इच्छा है तो सुनो मैं तुम्हें इतिहास के समुच्चय स्वरूप

महान् आख्यान सुनाता हूं। इस प्रकार उस महा कालेश्वर में स्थित बैताल ने कहा, काशी में एक समय एक राजा प्रताप मुकुट हुए हैं। उनकी महादेवी थी, पुत्र का नाम बज्र मुकुट था। राजा के मंत्री का नाम बुद्धिवक्ष था। युवा होने पर राजा-पुत्र तथा मंत्री-पुत्र मित्र भाव से अश्व पर सवार होकर दूर आखेट के लिए निकल पड़े। वहां वन में एक सरोवर के पास ही शिवालय था।

वहां पहुंचकर उन्होंने देखा, राजा दन्तवक्र की सुन्दर कन्या राजकुमारी पद्मावती आई हुई है। वह अल्हड़ कुमारी भी वहीं अपनी सखियों के साथ क्रीड़ा करने लगी। वह राजकुमार उस अत्यन्त सुन्दरी को ऐसे एकान्त रम्य वातावरण में देखकर मुग्ध हो गया तथा मूर्च्छित-सा होकर भूमि पर गिर पड़ा। राजकुमारी भी उस पर मोहित हो गई। होश आने पर राजकुमार ने भगवान् शिव से रक्षा का निवेदन किया और कन्या को देखने लगा। उस कन्या ने सिर से पद्म के फूल को लेकर कानों में किया फिर पैरों पर लगाया तथा हृदय में प्रवेशित कर लिया ऐसा भाव लेकर वह अपने घर लौट आई।

पिता के साथ तीर्थ के लिए वह गिरिजा के वन में गई। राजकुमारी के चले जाने के बाद राजकुमार काम-पीड़ित उन्मादि-सा हो गया। उसने खाना-पीना सभी कुछ त्याग-सा दिया। वह केवल पद्मावती का ही ध्यान करने लगा। राजकुमार की यह दशा देखकर राजा अत्यन्त चिंचित हुए। मंत्रीपुत्र बुद्धिदक्ष ने राजा को सारी बात कह सुनाई कि यह राजकुमार राजा दन्तवक्र की पुत्री राजकुमारी पद्मावती के प्रेम-मोह में फंस गया है। राजा से आज्ञा पाकर वह मंत्री-पुत्र राजकुमार को साथ लेकर करणाटक प्रदेश के लिए प्रस्थान कर गया।

यहां उन्होंने एक वृक्षा के घर में आश्रय लिया। मंत्रीपुत्र ने वृद्धा को दूती बनाकर राजकुमारी की सेवा में भेजा और कहलाया कि तुमने पिछली पूजा के दिन जो रम्य पुरुष देखा था, वह उपस्थित है। वृद्धा द्वारा राजकुमारी ने यह समाचार सुनकर उसे ताड़ित किया। उंगलियों से उसके कपोल छूकर अपने कक्ष में चली गई। यह समाचार राजकुमार को दुःखी कर गया लेकिन मंत्री-पुत्र ने इसका अर्थ यह लगाया कि वास्तव में

राजकुमारी भी राजकुमार के प्रति आकृष्ट है। इसके तीन दिन बाद फिर राजकुमारी के पास वृद्धा ने जाकर राजकुमार की विरह दशा का वृत्तान्त कह सुनाया तो हर्षित राजकुमारी ने मसी से भीगी अंगुलि को गवाक्ष के द्वार से निकालकर तल से पृष्ठ में ताड़ित किया और वृद्धा लौट आई। बुद्धि-दक्ष ने इसका अर्थ बताया कि पश्चिम दिशा में तुम्हारे लिए गवाए हो गया है। अर्धरात्रि में तुम वहां जाकर उस काम-विह्वाल का सेवन करो।

राजकुमार यह सुनकर वहां गया और उस महाकामी ने रमणी के साथ जी भरकर रमण किया। एक मास पूर्ण हो जाने पर कामशिथिल हो जाने पर वह मित्र के दर्शन की लालसा से राजकुमारी से मिलने की इच्छा प्रकट करने लगा। राजकुमारी ने विषयुक्त मिष्टान्न को मंत्री द्वारा उस मित्र के पास भिजवा दिया। बुद्धिवक्ष ने रहस्य को जानते हुए वह भोज्य नहीं स्वीकार किया। वह मित्र राजकुमार क्रोध में यह देखकर कि उसके मित्र ने प्रिया द्वारा प्रेषित मिष्टान्न ठुकरा दिया है। बुद्धिवक्ष के प्रति शत्रु भाव से यहां आया और उसे कठोर शब्द बोलो तो बुद्धिवक्ष ने कहा, वह भोज्य खाकर कुत्ता प्राण गंवा चुका है अतः मैंने इसी कारण उसे नहीं खाया था। राजकुमार को सारी कथा स्पष्ट हो गई। स्त्री-चरित्र के प्रति ग्लान भाव से उसने पद्मावती के प्रति घृणा भाव से उसे त्यागते हुए, मित्र से प्रस्थान की बात कही। मित्र बुद्धिवक्ष ने राजकुमार से यह कहा कि अपनी सोती प्रिया के अलंकार लेकर उसकी जानु में त्रिशूल करके लौट आओ, तभी चलेंगे।

राजकुमार उसी प्रकार करके आ गया। वह मित्र के साथ रुद्रमण्डल श्मशान में आ गया। अब उस मित्र बुद्धिदक्ष ने राजकुमार को शिष्य रूप में कहकर उसे नगर में वह भूषण बेचने के लिए भेज दिया तथा स्वयं योगी का वेश बनाकर वहां बैठ गया। राजकुमार आभूषणों-सहित पकड़ा गया। उसने राजा दन्तवक्र को बताया कि ये आभूषण श्मसान स्थित उसके गुरु ने दिए हैं। गुरु रूप में बुद्धिदक्ष ने राजा को बताया, ये एक पिशाचिनी के हैं जिसकी बांयी जांघ पर त्रिशूल का निशान है।

यह पहचान राजकुमारी पद्तावती की जांघ पर देखकर राजा ने पुत्री

को राज्य से निकाल दिया। वज्रमुकुट उस राजकुमारी को ग्रहण करके अपने साथ ले आया। बैताल ने विक्रम से पूछा, हे राजा! बताओ महान् पाप किसने किया? विक्रम ने बताया कि वास्तव में पापा राजा ने किया। मंत्री ने मित्र का कार्य किया, रक्षा करने वालों ने स्वामी का कार्य किया, राजा के पुत्र ने अपना स्वार्थ-सिद्ध किया क्योंकि राजोधर्मा पुत्री देखकर भी जो उसका विवाह नहीं करता, वह पापी होता है। ऐसा कहते हुए राजा के पाप को सिद्ध करके बैताल ने राजा के द्वारा कही धर्मगाथा सुनकर प्रसन्नता अनुभव की।

उस पर वह धर्म में तत्पर राजा से बोला, एक बार यमुना नदी के तट पर एक परम पवित्र धर्मस्थल पुरी बसी हुई थी। यहां सभी लोग धनधान्य से सम्पन्न थे। उनका हरिशर्मा नाम का पुरोहित था। वह सदा स्नान-ध्यान एवं पूजन में लीन रहता था। उसकी पत्नी सुशीला भी बड़ी धर्म-परायणा थी। सत्शली पुत्र बड़ा अध्ययनप्रिय था तथा मधुवती उसकी प्रिय भगिनी थी। मधुवती के बारह वर्ष की हो जाने पर पिता तथा भाई को उसके विवाह की चिन्ता हुई। इसके लिए वे अनेक स्थानों पर भ्रमण करके वर की खोज में लग गए। एक बार सत्यशील वर की तलाश में काशी गया। उसी बीच एक द्विज उनके घर आया।

मधुवती उसे देखकर कामातुर हो गई। उस ज्ञानी तथा बुद्धिमान को सर्वथा योग्य समझकर हरिवर्मा ने अपनी कन्या के लिए उसे लिया। दूसरी ओर काशी से अपने गुरु-पुत्र केशव को वर कर सत्शाील घर ले आया। माघ कृष्ण त्रयोदशी के दिन कन्या का शुभ लग्न देखकर विवाह निश्चित किया गया। इस समय तीन विप्र वर सामने थे। तभी कन्या को सांप ने काट लिया और वह मृत्यु को प्राप्त हुई ओर प्रेत बन गई। हरिशर्मा पुत्री के वियोग में विमोहित मंदिर में आ गया। उन विप्रवरों में त्रिविक्रम स्मरानुराग में याति होकर अन्य देश चला गया। केशव प्रिया की अस्थियों को ग्रहण करके एक तीर्थ से दूसरे तीर्थ में भ्रमण करने लगा। वामन नामक विप्र वर विरह अग्नि से पीड़ित उसी की भस्म ग्रहण करके वहीं पत्नी के ध्यान में स्थित हो गया।

बहुत समय बाद एक मन्दिर में घूमते हुए त्रिविक्रम लक्ष्मण नगर में आए। वहां पुरोहित राम शर्मा ने भोजन करने के लिए उसी यति को कहा। तभी उसका पुत्र अकाल वश चल बसा। राम शर्मा ने मंत्रपूत जल से सिंचन करके उस बालक को जीवित कर दिया। विनय करने पर राजा शर्मा ने वह मंत्र उस यति त्रिविक्रम को भी दे दिया।

उस मंत्र को लेकर यति पुनः उसी मन्दिर में आ गया, जहां प्रिया का दाह-संस्कार किया था। केशव को भी खोज कर पा लिया गया और इस प्रकार उस त्रिविक्रम ने अस्थियों तथा भस्मी को एक स्थान पर करके मधुवती को जीवित कर दिया। मधुवती ने किसको वरा, यह प्रश्न जब वैताल ने विक्रम से पूछा तो विक्रम ने बताया कि वह द्विज वामन के लिए ही योग्य थी। जिसने मंत्र-जल छिड़का उसने जन्म दिया, अतः वह पिता हो गया। जो अस्थियों को लिए घूमा, वह भाई के समान हुआ। पति वही हुआ जिसने भस्मी से लिपटकर शेष समय बिताया।

इस वृत्तान्त के पश्चात् नैमिषारण्य में लाभ-हित सम्पादन के लिए श्रेष्ठ पूजा-विधि, सेवा योग्य अनुष्ठान तथा मनोवांछित फल प्रदान करने वाली वृत्ति के बारे में पूछा तो सूतजी ने उन्हें सत्यनारायण भगवान् का वृत्तान्त इस प्रकार कह सुनाया कि संसार की रक्षा के कारण स्वरूप तथा शत्रु के लिए धूमकेतु के समान भगवान सत्यनारायण की स्तुति करनी चाहिए। लक्ष्मण के साथ वन में वास करने वाले सीताप्रिय रावण के संहार करने वाले, भरत, हनुमान तथा शत्रुघ्न द्वारा सेवित भगवान राम की मैं वन्दना करता हूं।

कलयुग के कलुष का नाश करने वाले, प्रकाशरूप, नृपति श्रेष्ठ का इतिहास श्रवण करके कथा के अन्त में भक्तिभाव से प्रमाण करके प्रसाद का वितरण करना चाहिए, जो इस कथा का श्रवण करता है, वह राजा हो या रंक, दुःखी हो या व्यथित, सभी मनोकामना से पूर्ण फल प्राप्त करने वाला होता है। इनका ही ध्यान-अर्चना योग्य है। ऐसा कहकर भगवान् श्री नारायण अन्तर्ध्यान हो गए और वह विप्र मन-ही-मन प्रणाम करके कौतुक का मन में विचार करते हुए निर्दिष्ट स्थान पर चला गया।

उसने निश्चय किया कि आज जो भी भिक्षा मिलेगी उसी से पूजा-अर्चना सम्पन्न करेगा।

उस दिन उसे अन्य दिनों की अपेक्षा अधिक राशि तथा सामग्री भिक्षा में मिली, जिसे लेकर वह अपने घर लौट आया। उसने घर आकर यह सारा वृत्तान्त अपनी पत्नी को कह सुनाया। इस पर उसने सभी प्रकार से यथा-विधि भगवान सत्यनारायण की पूजा का विधान सम्पन्न किया। बन्धु-बान्धवों, इष्ट मित्रों तथा परिवार-जनों को एकत्र करके पूजा कराई। इससे प्रसन्न स्वयं भगवान सत्यनारायण प्रकट हुए और उन्होंने भक्त को वरदान दिया। वह विप्र सभी सांसारिक सुख प्राप्त कर अत्यन्त समृद्धिशाली हो गया। यह देखकर ही सभी भक्तों में भगवान् सत्यनारायण की दैवी कथा का प्रचलन प्रारम्भ हो गया। भगवान् सत्यनारायण की कथा का माहात्म्य बताते हुए सूत ने कहा कि राजा चन्द्रचूड़ एक बार श्रीहीन होकर उनसे मिलने को आतुर हो गया। दर्शन पाने पर उसने विप्र महादेय से अपने राजभ्रष्ट होने का दुःख व्यक्त किया तो उन्होंने राजा को भगवान सत्यनारायण की शरण में जाने का परामर्श दिया। ऐसा श्रवण कर राजा ने काशी में ही देव-पूजा का अनुष्ठान सम्पन्न किया। व्रत के प्रभाव से वह राजा पुनः श्रीवान हो गया।

इसी प्रकार एक भील कथा का आख्यान सुनाते हुए सूतजी ने बताया कि किस प्रकार वह भील सम्पन्नता को प्राप्त हुआ। विपन्न सुदामा की कथा तो सभी जानते हैं, वास्तव में भगवान सत्यनारायण की स्तुति, आराधना, कथा श्रवण मनुष्य लोक में व्यक्ति की रिद्धि-सिद्धि, समृद्धिदायक होती है। इससे मनुष्य के सभी सांसारिक कष्ट दूर होते हैं और ईश कृपा से वह भक्त देवलोक को प्राप्त होता है क्योंकि सत्यनारायण देव की अर्चना में जो फल होता है, वह तो ब्रह्मा भी पूरा करने में समर्थ नहीं होते हैं। इसके प्रभाव से धनहीन धनी, पुत्रहीन पुत्रवान, मतिहीन मेधावी-विद्वान, अन्धज्योति दृष्टिवान, बधिर सुनने योग्य हो जाता है। तात्पर्य यह है, जिस किसी इच्छा या कामना से व्रती अनुष्ठान में लगता है उसकी वह मनोकामना निश्चय ही पूर्ण होती है।

भयातुर निर्भय, बन्धनयुक्त बंधन-मुक्त हो जाता है। इसमें प्रातःकाल स्नान करके तुलसी की मंजरी लेकर सत्य स्थित हरि का ध्यान करते हुए कमलनयन वाले नारायण की सेवा करनी चाहिए और उन्हीं की पूजा करने, सेवा करने, गाथा श्रवण करने का संकल्प करना चाहिए। सायंकाल पूजा करनी चाहिए, पांच कलशों से युक्त मण्डप बनाकर केले के तोरण से सजा लें। स्वर्ण-मंडिप शालिग्राम की प्रतिमा प्रतिष्ठित करके आत्म तथा पुरुष भक्तों द्वारा पूजा करनी चाहिए। पंचामृत से भगवान को स्नान कराके चन्दनादि से सजाके-**'ओउम् नमो भगवते नित्य सत्य सेवाय धीमहि'** कहते हुए 'चतुः पदार्थ गात्रे च नमस्तुभ्यं नमो नमः' से चरणारविन्द में नमन करना चाहिए।

एक सौ आठ बार इस मंत्र का जाप करके, हवन का दशांश तर्पण, दशांश मार्जन करके हरि कथा का श्रवण करना चाहिए। इसमें से कथा का सत्य ही मुख्य है। जो भी श्रोता उपस्थित होवें अंत में सभी को प्रसाद से तुष्ट करें। ब्राह्मण को भोजन कराएं और इस विधि से पूजा-सम्पन्न करें तो सभी कामनाएं पूर्ण होती हैं।

एक बार काशी का शतानन्द ब्राह्मण भगवान विष्णु का परमभक्त मार्ग में भिक्षा के लिए जा रहा था। उसे एक श्रीपति दिखलाई दिए। हरि ने उस ब्राह्मण से पूछा, आप कहां जा रहे हैं? तो वह ब्राह्मण कहने लगा कि मैं अपने परिवार के भरण-पोषण के लिए भिक्षा ग्रहण करके जीवन निर्वाह करता हूं। इस समय भी उसी वृत्ति में लगा हूं। तो हरि ने इस भिक्षा से मुक्ति का उपाय बताते हुए उस ब्राह्मण को सत्यनारायण देव की कथा का उपाय बताया।

जब ब्राह्मण ने सत्यनारायण देव के बारे में पूछा तो उस छद्मवेशधारी हरि ने उसके अनेक रूपों को उल्लेख करते हुए उसे त्रिकाल द्रष्टा, सर्वव्यापी, सर्वहितकारी बताया और कहा, उसी की सेवा, अर्चना, ध्यान, कथा श्रवण से तुम्हारा उद्धार होगा। यह सुनकर वह ब्राह्मण पुलकित हो गया। उसने साक्षात् सत्यनारायण प्रभु के दर्शन कर लिये। वह कृतार्थ हो गया। इसके पश्चात् उसने अनेकशः अपनी भक्ति प्रदर्शित करते हुए उन

कृपानिधान से पूजा-विधि पूछी। स्वयं हरि ने उन्हें बताया कि गो दूध, मधु, गोघृत, गोदधि, गंगा जल, ये पांच अमृत हैं। इनमें तुलसी दल डालकर यह पंचामृत तैयार कर शालिग्राम शिला का स्नान कराएं। गन्ध, धूप, अक्षत आदि से उनका सेवन करें, मिष्टान्न, ऋतु, फल, पुष्प, पान, सम्मान से पूजन करें तथा ब्राह्मण से अपने स्वजनों के साथ बैठकर षरमश्रद्धा से मेरी कथा का श्रवण करें।

शतानन्द ने इसी प्रकार अनुष्ठान करके भगवान् को प्रसन्न किया और इच्छित फल प्राप्त किया और अन्त में वैष्णव धाम की यात्रा की। एक बार एक लक्षपति वणिक धन से भरी नौका लेकर अपने घर वापस आ रहा था, वहां उसने अनेक ग्रामों के विलास वाले बहुत से लोगों को देखा। वे सभी मणिमुक्ताओं द्वारा बनाए हुए वितानों से शोभित थे। वहां गीत, वाद्ययन्त्रों से वेदवाणी को सुनकर उस वणिक ने नौका कुछ देर वहां रुकवाने की इच्छा प्रकट की ताकि वह यह कौतुक देख सके।

स्वामी की आज्ञा से कर्णधार ने नौका रोक दी। वणिक अपने अमात्य के साथ स्वयं नौका से नीचे उतर गया। पूछने पर उसे ज्ञात हुआ कि यहां सत्यनारायण कथा का पाठ हो रहा है। वे प्रभु दीनबन्धु दुःखहर्त्ता तथा रिद्धि-सिद्धि प्रदाता हैं। मनुष्य इनकी कथा के प्रभाव से सभी कामनाएं पूर्ण कर लेता है। वह वणिक संतानरहित था। उसने भी सत्यनारायण प्रभु से निवेदन किया। प्रसाद पाया और अपने घर लौट आया। समय आने पर उसकी पत्नी लीलावती ने एक सुन्दर कन्या को जन्म दिया। मंगल अनुष्ठान किया। कन्या को पाल-पोषकर विवाह योग्य होने पर शंखपति नामक वणिक् से उसका विवाह कर दिया। बाद में उस जामाता को भी अपने ही पास रख लिया।

बहुत सारा समय बीत गया। वणिक् अपना यह संकल्प भूल गया कि उसे भी अपने यहां सत्यनारायण भगवान् की कथा का पाठ कराना है। इसी व्यस्तता में वह व्यापार के निमित्त ही अन्य देश को प्रस्थान कर गया। लम्बे समय तक वहां रहने पर भी उसने भगवान् सत्यनारायण का ध्यान नहीं किया। कर्मों के दुष्फल के परिणामस्वरूप वणिक पर एक

आकस्मिक विपत्ति आ गई।

जिस राज्य में ये ठहरे हुए थे, वहां कुछ अन्य चोरों ने राजा के यहां चोरी की और उनके सेवकों ने बहुत कोशिश करने के बाद भी जब कोई रहस्य नहीं ज्ञात किया तो वे यह जानकर कि राजा उन्हें मृत्युदंड अवश्य देंगे, स्वयं ही नर्मदा तट पर अपने प्राण खोने चल दिए। वहां पहुंचकर उन्होंने इस विदेशी वणि को सज्जित वेश-भूषा में देखा और इसके पास हीरे-जवाहरात भी थे। श्वसुर और जामाता दोनों को बांधकर राजा के भृत्यु दरबार में ले आये।

भगवान् हरि के प्रतिकूल प्रभाव से राजा ने उनको दंड देने का विचार बना लिया। यह जानकर साधु वणिक अपनी इस विपत्ति पर विलाप करने लगा। उसे अनुभव हुआ कि शायद कभी उससे कोई बड़ी भूल हो गई है। अन्यथा इस प्रकार वह संकट क्यों आता। दूसरी ओर उस वणिक की कन्या कलावती अपने घर के पास ही एक विप्र के घर में चली गई, वहां उसने देखा कि भगवान् श्री सत्यनारायण की कथा हो रही है। सबको प्रार्थना करते देख उसने भी हरि से प्रार्थना की कि हे देव! मेरे स्वामी और पिता भी शीघ्र घर आ जायें। मैं आपकी अर्चना करती हूं।

ब्राह्मणों द्वारा ऐसा आशीर्वाद प्राप्त कर वह अपने घर चली गई। मां लीलावती ने अपनी पुत्री को देर से आने पर बहुत अशुभ कहा। तो पुत्री ने सत्यनारायण अर्चना का वृत्तांत कह सुनाया और कहा कि कलयुग में सत्यनारायण प्रत्यक्ष फल देने वाले होते हैं। मैं भी इनकी अर्चना करूंगी। ऐसा निर्णय करके दूसरी प्रातः वह शीलपाता गुप्त के घर कथा के लिए आवश्यक धन जुटाने के लिए गई। शीलपाल ने अनुष्ठान कर्म के लिए उसे पांच निष्क धन दिया और कहा कि तुम्हारे पिता का इतना ही ऋण मेरे ऊपर शेष था। उसी धन से कलावती ने सत्यनारायण का अनुष्ठान पूर्ण करने का व्रत लिया। उसके साथ उसकी माता लीलावती ने भी भक्तिपूर्वक सत्यनारायण देव का पूजन किया। भगवान नारायण उनके इस पूजन से प्रसन्न हो गए। नर्मदा के किनारे मंदिर में राजा अपने प्रासाद में सो रहा था। उसने देखा भगवान् नारायण विप्र के वेश में आकर आदेश

दे रहे हैं कि जिन दो साधुओं को तुमने अपने कारागार में डाल रखा है वे निरपराध हैं, उन्हें मुक्त कर दो। यदि ऐसा नहीं किया तो तुम अपराधी बनोगे।

राजा ने बोधित होकर सनातन ब्रह्म का ध्यान किया और अपने सभासदों को बुलाकर उन्हें स्वप्न से परिचित कराया। तत् पश्चात् उन दोनों साधुओं को बुलाकर उन्हें अपना निर्णय सुनाया। साधुओं ने राजा को इस वास्तविकता से परिचित कराया कि वे व्यापार करने के उद्देश्य से ही आये थे। उन दोनों को विधिवत मुक्त करके भोजन कराकर पूजित किया। अब वे अपने देश लौटने के लिए स्वतन्त्र थे।

लेकिन वणिक साधु को अभी भगवान् सत्यनारायण का स्मरण नहीं हुआ। अब की बार स्वयं तपस्वी का वेश बनाकर नौका में सवार वणिक के पास आकर बोलो, हे साधु! इस नौका में क्या है वह विप्र रूप में वणिक से कुछ भिक्षा चाहते थे। वणिक ने उसे नकारते हुए कहा कि इस नौका में तो केवल लता और पत्र आदि हैं। साधु के ऐसा कहने पर उस विप्र ने 'ऐसा ही हो' कहते आगे बढ़ गया। अब नौका में साधु को भार नहीं अनुभव हुआ, वह हल्की लगने लंगी, देखा तो वास्तव में वहां लता-पत्र आदि ही थे। यह देखकर तुरन्त ही वह साधु वणिक उस तपस्वी को दिव्य शक्ति मानते हुए उनके चरणों में गिर पड़ा।

इस विलाप को देखकर तपस्वी ने उसे स्मरण दिलाया कि बहुत समय पहले राजा चन्द्रचूड़ के यहां होने वाली सत्यनारायण की कथा में तुमने संतान की प्रार्थना की थी, फल और ऐश्वर्य पाने के बाद भी तुमने उस सत्यदेव का अनादर करके उसका आभार नहीं माना। बहुत प्रलाप करते हुए और तपस्वी को यह आश्वस्त करते हुए कि मैं अब निश्चित रूप से सत्यनारायण की कथा करूंगा, वह साधु सुरक्षित एक सप्ताह में अपने घर पहुंच गया। वहां उसे ज्ञात हुआ कि उसकी पत्नी लीलावती अपनी कन्या के साथ भगवान सत्यनारायण की कथा में व्यस्त है।

यह समाचार सुनकर लीलावती सारा पूजा का भार अपनी पुत्री पर छोड़कर दूत के साथ चली गई। कलावती ने भी सत्यनारायण के प्रसाद

की अवज्ञा करके वहां से प्रस्थान किया और अपने पति को देखने के लिए तड़प उठी। अवज्ञा के परिणामस्वरूप उस साधु वणिक की नौका जामाता शंखपति के साथ जलमग्न हो गई। लीलावती और कलावती दोनों ही यह दृश्य देखकर मूर्च्छित हो गईं। वहां रोते हुए उसने भगवान् सत्यनारायण से निवेदन किया कि पति के वियोग में मग्न मेरा उद्धार करो। इस प्रकार भगवान की कृपा से पुनः उन्होंने व्रत-नियम से जीवन में सत्यनारायण का स्मरण करते हुए पति और जमाता को प्राप्त कर लिया। यह परम पावन कथा जो कोई भक्त सुनता है और प्रभु का प्रसाद पाता है, उसकी निश्चित रूप से सभी कामनाएं पूरी होती हैं।

सूतजी ने जयचन्द-पृथ्वीराज की उत्पत्ति के साथ आर्य देश के दो भागों में आधिपत्य का वर्णन करते हुए कहा कि इन्द्रप्रस्थ में राजा अनंगपाल सन्तानहीन था। उसने पुत्र-प्राप्ति के लिए यज्ञ किया तो उसके यहां चन्द्रकांति और कीर्तिमालिनी, दो पुत्रियों ने जन्म लिया। चन्द्रकांति को कान्यकुब्ज देश के राजा और कीर्तिमालिनी को अजमेर के सोमेश्वर राजा को दान किया। उस समय जयशर्मा नाम का ब्राह्मण हिमालय में समाधिस्थ था। राजा के इस उत्सव की ऐश्वर्यशीलता को देखकर उसके मन में राज्य प्राप्त करने का विचार आया और उसने देह-त्याग कर चन्द्रकांति के पुत्र रूप में जन्म लिया। वह जयचन्द नाम से प्रसिद्ध हुआ। कीर्तिमालिनी के यहां तीन पुत्र हुए। इनमें मध्यम पृथ्वीराज कहलाया। राजा अनंगपाल जब स्वर्गवासी हुए तो फिर उनके राज्यासन पर पृथ्वी राजगद्दी पर बैठा।

अन्य दूसरे विप्रिय लोगों ने पृथ्वीराज की बलशीलता का कन्नौज के राजा जयचन्द के सम्मुख वर्णन किया और उसके निर्भय व्यवहार की चर्चा की। विद्योत और प्रद्योत आदि अनेक ऐसे विप्रिय जयचन्द की चाटुकार मंडली में सम्मिलित हो गए। तीन वर्ष के पश्चात् जयचन्द इस योग्य हो गया कि वह पृथ्वीराज से विरोध कर सके और अपने नाना के राज्य का आधा हिस्सा प्राप्त कर सके। जयचन्द ने पृथ्वीराज को एक पत्र प्रेषित किया और उसमें यह संकेत दिया कि यदि मेरा भाग मुझे नहीं

दिया गया तो भीषण युद्ध होगा। इस पर पृथ्वीराज ने उत्तर में लिख दिया कि मैंने चन्द्रवंश में होने वाले धूर्तों का निराकरण करते हुए बीस लाख सेना एकत्र कर ली है। भारत में समस्त भूप मेरे दंड योग्य हैं। आपको मैंने कभी दंड देने योग्य नहीं बनाया था। आप बलवान हैं और मुझे कर देने योग्य हैं। अगर ऐसा नहीं किया तो तुम्हारे समस्त सैनिक नष्ट हो जायेंगे। पत्रों के इस आदान-प्रदान में दोनों में घना बैर हो गया। जयचन्द की पुत्री संयोगिता विवाह के योग्य हो गई थी। जयचन्द ने उसके स्वयंवर में बड़े-बड़े राजाओं को आमंत्रित किया। पृथ्वीराज ने भी उसके सौन्दर्य के बारे में सुन रखा था। अपने प्रियभट्ट को यह आदेश दिया कि वह उसकी मूर्ति स्वयंवर कक्ष में रख आये। संयोगिता को भी पृथ्वीराज की वीरता का भान था। उसने सभी राजाओं को त्यागते हुए इस मूर्ति पर ही जयमाला डाल दी। यह देखकर जयचन्द ने चन्द्रभट्ट को सूचित किया कि यदि तुम्हारे स्वामी की सेना सज्जित है तो मुझे बताओ। चन्द्रभट्ट ने यह समाचार पाकर पृथ्वीराज अपनी पूरी सेना के साथ रण के मैदान में प्रस्तुत हो गया।

भीषण युद्ध के बाद छठे दिन जब महाविनाश हो चुका था, पृथ्वीराज को संयोगिता के दर्शन हुए। संयोगिता राजा को देखकर मूर्छित हो गई। वह उसे पालकी में डालकर बड़े वेग से अपनी राजधानी लौट आया। कुछ समय बाद संयोगिता का डोला न देखकर जयचन्द्र की सेना के लोग भौंचक रह गए और पृथ्वीराज की सेना के पीछे दौड़ने लगे। यहां भी रोमांचकारी युद्ध हुआ और अन्त में जयचन्द की पराजय हुई। महीराज के भय से सभी लोग कांपने लगे। वह अपनी सात लाख सेना के बल से युक्त था। जयचन्द का याश और भूमिराज की वियज घर-घर में प्रसिद्ध हो गई। इस प्रकार कान्यकुब्ज में जयचन्द और दिल्ली में पृथ्वीराज द्वारा गुर्जर राज्य को ग्रहण करने का वृत्तान्त सुनाते हुए सूत ने कहा कि बलखानि और पृथ्वीराज में पौष मास में युद्ध हुआ जो एक सौ सात दिन चला, ज्येष्ठ मास में वे घर पहुंचे। राजा परिमल ने अपने पुत्रों की कुशलता के लिए जप किया और परम पावन पुराण का श्रवण करके

ब्राह्मणों को यथाशक्ति दान देकर तुष्ट किया। पृथ्वीराज यह वृत्त सुनर बलखानि के पास आया और प्रस्ताव रखा कि आधा करोड़ धन मुझसे लेकर महिष्मती राज्य मुझे दे दें। बलखानि ने यह प्रस्ताव स्वीकार कर लिया। पृथ्वीराज ने गुर्जर राज्य प्राप्त कर लिया। इससे आगे जयंत के अवतार को वृत्तान्त सुनाते हुए सूत ने कहा कि जयंत इन्द्र का पुत्र था। जानकी के शाप से मोहित होकर उसे कलयुग में जन्म लेना पड़ा। वह स्वर्गवती के गर्भ में जाकर बस गया।

चैत्र मास के शुक्लपक्ष की नवमी तिथि और गुरुवार के दिन मध्याह्न में वह चन्द्रमा के समान मुख वाला उत्पन्न हुआ। वह राजा के लक्षणों से युक्त था। देव गणों ने इन्द्र को बताया कि उनका पुत्र जयंत नाम से पृथ्वी पर उत्पन्न हुआ है। इसलिए सका नाम इन्दूल रखा गया। राजा आह्लाद ने बड़ी प्रसन्नतापूर्वक उसका जातधर्म संस्कार किया और ब्राह्मणों को यथा शक्ति भेंट देकर प्रसन्न किया। जब यह पुत्र छः मास का हो गया तो इन्द्र को मोह व्याप गया। उसने माया से इस बालक का हरण करके इन्द्र को सौंप दिया।

स्नेह ने उसने बालक को अपना स्तन-पान करा दिया। स्तन-पान करते ही वह बालक सोलह वर्ष का पुष्ट युवक बन गया। पिता की विद्या सीखकर वह श्रेष्ठता को प्राप्त कर गया। उस बालक की पृथ्वी पर अवत्तीर्ण उसकी मां स्वर्णवती विलाप कर उठी। यह समाचार सुनकर आह्लाद भी रो उठा। सारे राज्य में कोलाहल मच गया। वह अपने कुछ लोगों के साथ निराहार होकर यथेंद्रिय हो गया और शारदा देवी की शरण में चला गया। वहां उसने तीन रात्रि तक वास किया। तब शारदा रूप में बिना शरीर वाली वाणी ने कहा, हे पुत्र! अपने कुल वालों के साथ पुत्र के लिए शोक न कर। यह इन्द्र पुत्र जयंत था जो इस स्वर्ग में विराजमान है। वहां वह दिव्य विद्या पढ़कर तीन वर्ष के लिए अंत में आएगा। जब तक तू इस पृथ्वी पर रहेगा वह भी तेरे साथ ही वास करेगा। इसके पश्चात् वह पुनः स्वर्ग में इन्द्र का सान्निध्य पा लेगा। इस प्रकार देवी शारदा के वचनों से आश्वस्त होकर स्वर्णवती तथा राजा आह्लाद अपने

कुल् के लोगों के साथ वापिस राजधानी लौट आए।

आगे कृष्णांश की सत्रह वर्ष की अवस्था में बलखानि के विवाह वृत्तान्त का वर्णन करते हुए सूत ने कहा, कृष्णांश की सत्रह वर्ष की अवस्था हो जाने पर जो हुआ वह इस प्रकार है कि रत्नमान राजा के गो-लोकवासी हो जाने पर केरुधन्व का राजा गजसेन हुआ। पृथ्वीराज के भय से बहुत आतुर रहता था। उसने अग्नि देव की अर्चना-आराधना की। बारह वर्ष यहां ध्यान व्रत करके सदाचार से युक्त रहकर देव को प्रसन्न कर लिया। भगवान् अग्नि देव ने उससे प्रसन्न होकर उसे एक पावकीय शुभ अश्व प्रदान किया। दो पुत्र और एक गज मुक्तिका कन्या दी। ये चारों ही अग्निदेव द्वारा प्रदत्त थे अतः स्वयं पावक-रूप थे। महान् वीर तथा शुभ लखण युक्त थे। अठारह वर्ष की अवस्था वाले देवता सदृश गुण युक्त थे। वह वरवर्णिनी कन्या अठारह वर्ष की अवस्था वाली थी। उसे दुर्गा से यह वरदान प्राप्त था कि धर्मश द्वारा वरी जाएगी।

शार्दूल वंश में होने के कारण राजा ने स्वयंवर किया। अनेक देशों के राजा उस कन्या के रूप-लावण्य से मोहित हो वहां उपस्थित हुए। मार्गशीर्ष मास के शुक्ल पक्ष की अष्टमी तिथि को चन्द्रवार के दिन उस कन्या का स्वयंवर हुआ। वह समस्त राजाओं की ओर वरण करने के लिए यहां आई थी। उस चंचला का मुख चपला के समान था। उसे देखकर धर्मशाही बलखानि मोहित हो गया। वह भी उस वीर पर मोहित हो गई। उस रमणी ने वह वरमाला बलखानि के गले में डाल दी। तारक आदि अन्य दूसरे भूपाल, जो वहां उपस्थित थे, सभी अस्त्र-शास्त्र से सज्जित थे, बलखानि को बल से रोक लिया क्योंकि वे बलपर्वूक उस कन्या को हस्तगत करना चाहिये थे।

जब बलखानि ने देखा कि ये पांच सौ राजा इस गज-मुक्ति को मुझसे छीनना चाहते हैं तो शीघ्र ही अपना खड्ग निकालकर एक सौ राजाओं के मस्तक काट डाले। सब ओर से बध्यमान उस बलखानि को उस तारक ने उसकी भुजाओं में खड्ग के दो खंड देखकर तुरन्त पलायन कर लिया। शेष सभी राजा भी चले गए। सभी राजाओं को पराजित करके वह बलशील राजा

बलखानि उस कन्या गजमुक्ति को अपनी शिविका पर आरूढ़ कराके घर ले आया। उस कन्या को इस प्रकार जाते हुए देखकर गजसेन महीपति की आज्ञा से उसे क्षत्रियों में अधम जानकर वहां आया था। जम्बुक के मारने वाले उस महावीर की माया से मोहित, आतुर हो जाने पर क्रोध से लोहे के नगाड़ों से शीघ्र ही बांध दिया। महीपति के ग्राम लोह दुर्ग को उसे पहुंचा दिया था। वहां रहने वाले कठिन चांडालों को बुलाकर अनेक प्रकार के दंडों के साथ उसके वध करने की आज्ञा दी। उस महारौद्र ने उसे अच्छी तरह बांधकर पीटना शुरू कर दिया। उसके उस ताड़न करने से उस समय वह निद्रा विलीन हो गई। इसके बाद बलखानि ने उस चांडालों को काफी पीटा। मुष्टि तल के प्रहर से वे सभी चांडाल मारे गए। पांच सौ रोद्री जो शेष रह गए थे वे सभी भाग गए थे।

राजा के कारण जानकर अत्यन्त प्रसन्नता प्रकट की और बलखानि से कहा, आप महान् बल वाले हैं, दस्युओं से घिरकर भी आप सकुशल अपने भवन में लौट आए। जब आप शीघ्र ही मेरी पुत्री का वरण करके मुझे कृतार्थ करें। इस प्रकार विधिवत् बलखानि का गजमुक्ति से विवाह सम्पन्न हो गया। मंडप की अर्चा हो जाने पर आह्लाद के लिए उष्टारूढ़ को बुलाकर शीघ्र ही उस पत्र को प्रेषित किया कि यहां बलखानि को गरलयुक्त जल तथा विषयुक्त भोजन खाने को दिया गया किन्तु बलशाली शुभ वर होने के कारण मृत्यु को प्राप्त नहीं हुआ। बाद में राजा ने कहा उनके यहां की रीति ही इस प्रकार की है। तभी वहां गजमुक्ति आ गई। अपने प्रति गजमुक्ति से राजा के अशोभनीय वाक्य सुनकर क्रोधित बलखानि ने सारे बन्धन तोड़ और हाथ में खड्ग लेकर उपस्थित हो गया।

पांच सौ शूर ने उसे फिर रोकना चाहा किन्तु अब बलखानि को कोई नहीं रोक सका, सामने गजसेन का पुत्र सूर्यद्युति आ गया। उसने बलखानि को बांधकर एक गड्ढ़े में डाल दिया। अपने पति की यह दशा देखकर गजमुक्ति बड़ी दुःखी हुई। वह रक्षकों को द्रव्य देकर रोती हुई पति के पास पहुंची। उसे कुछ व्यंजन खाने को दिये। इस प्रकार एक पक्ष बीत गया। आह्लाद अपने सात लाख सैनिकों सहित आ गया। उसे मालूम

हुआ कि बलखानि गर्त में पड़ा है तो उसने सारे नगर को घेर लिया और गजों की सेना को लेकर गजसेन पर धावा बोल दिया। तीन लाख अश्वों के साथ सूर्यद्यति भी गजसेन के साथ आ गया।

एक अहोरात्र यहां भीषण संग्राम चला। दूसरे दिन अपनी सेना का इस प्रकार पराभव देखकर गजसेन से अग्नि देव के लिए अश्व पर चढ़कर युद्ध प्रारम्भ किया। तालनादि के द्वार रक्षित सेना को उसने जला दिया। शत्रु के सामने भस्म सेना को देखकर तालन ने भाले से राजा पर प्रहार किया। राजा को मूर्च्छित देख सूर्यद्युति आया, उसे बांध दिया गया। भाई को बंधा देख कोलामल हाय पर चढ़कर आया। उससे देवसिंह को सम्मोहित करके वह कृष्णांश के समीप गया। कृष्णांश को पकड़कर उसका तेज ग्रहण कर लिया।

सारी सात लाख सेना जल कर राख हो गई जिसे आह्लाद ने अमरत्व से जीवित किया। गजसेन की आधी सेना नष्ट हो चुकी थी। राजा आह्लाद की विजय हुई। वह खुशी-खुशी घर आ गया। कृष्णांश को वह्निभूत देखकर राजा आह्लाद बहुत दुःखी हुआ। उसने रण की वेशभूषा में ही देवी दुर्गा की स्तुति की। तब्र देवी ने वचन दिया कि तेरा पुत्र स्वर्ग से आकर उसे फिर जीवित कर देगा। ऐसा कहते ही इन्द्र की आज्ञा से इन्दुल बारह वर्ष की अवस्था वाले युवक के आकार में विद्या विशारद के रूप में बड़ावामृत अश्व पर आरूढ़ वहां उपस्थित हो गया। उस महादेव ने पावक को एक दम शांत कर दिया।

इस प्रकार निकली अश्व की लार से सभी जीवित हो उठे। पावक शांत होने पर गजसेन पुत्रों के साथ सब दिशाओं की ओर चल दिया। एक लाख सेना जो बच गई थी वे सभी भय से डरे थे। वे सब भी इस कारण युद्ध से विमुख होकर भाग खड़े हुए। तब तालन ने गजसेन आदि को बांधकर कृष्णांश के सामने पेश किया। बलखानि को गत्ते से निकालकर कारण पूछा तो सभी शत्रु पक्ष के वीरों को स्तम्भ से बांधकर बेंतों से पीटा। इसके पश्चात् बलखानि का गजमुक्ता से पाणिग्रहण कराके राजा गजसेन ने दिव्य भोजनादि कराके पुष्ट किया। लोहदुर्ग में उन्हें ठहराकर

सुदृढ़ किवाड़ लगवा दिए। एक लाख शूरों को वहां स्थापित करके वह स्वयं रुद्रपुर को चला गया।

रात्रि में उस लोहदुर्ग में रहकर यत्नबल से प्रभात होने पर द्वार को कपाट से रुद्ध देखकर बोले, जल्दी से द्वारा खोला दो नहीं तो प्राणों से हाथ धो बैठोगे। यह सुनकर रक्षकों ने दुर्ग-द्वार पर तोपें लगा दीं। उन्होंने एक-एक को मार डाला। जब दस हजार मारे गये तो कृष्णांश ने बिन्दुल अश्व पर सवार होकर अपने खड्ग से उस विशाल सेना का शीघ्र ही हनन कर दिया। जो बच गये थे वे इन्द्र दुर्ग में छिप गये। अपनी सारी सेना को इस प्रकार पराभव देखकर राजा गजसेन ने हथियार डाल दिए। अपने दोनों पुत्रों के साथ हाथ जोड़ता हुआ वह बहुत अधिक धन से युक्त गजमुक्ता को आगे करके विधानपूर्वक कन्या का दान करके अपने किए पाप का क्षालन करने हेतु सोलह ऊंट स्वर्ण का दान करके मुक्त हो सका।

राजा आह्लाद अपने भाई कृष्णांश तथा पुत्र के साथ गजसेन द्वारा पूजित होकर अपने घर लौट आए। स्वर्णवती ने अपने पुत्र इन्दुल को देखकर अत्यन्त कृतकृत्य अनुभव करते हुए अपने जीवन को सफल माना। राजा परिमल ने इस खुशी से सभी ब्राह्मणों को बहुत-सा धन देकर विदा किया।

कृष्णांश के अठारवें वर्ष में पंदार्पण करने पर होने वाले घटनाक्रम का वृत्तांत सुनाते हुए सूतजी ने बताया कि रत्नभानु के द्वारा कृष्ण कुमार भूपति के मृत्यु को प्राप्त हो जाने पर दुःख से डूबे महीराज ने लक्ष चण्डी का अनुष्ठान कराया। होम के अन्त में राजा ने देवी की विधिवत-स्तुति अर्चना की। देवी ने प्रसन्न होकर राजा से कहा, वर्ष-वर्ष में सात अंग से सम्भूत कुमार होंगे। वे कौरवांश तथा द्रौपदांश होंगे। रानी ने कुछ समय बाद देवी के कथनानुसार अधिक बलशाली कर्णांश पुत्र तारक को जन्म दिया। दूसरे वर्ष में दुःशासन के शुभांश से नृहरि को जन्म हुआ, तीसरे वर्ष सरदन, दुर्मुखांश मंदन, विकर्णांश सूर्य वर्मा, भीमांश विविशत का जन्म हुआ। चित्रिबाणांश विवर्द्ध तथा इसके पश्चात् बेला उत्पन्न हुई।

यह कृष्ण के समान ही रूपवती थी। इसके जन्म के समय भूमंडल

पर एक महादारुण भूकम्प आया था। चामुंडा देवी ने एक अशिव अट्टहास किया था। इसके पश्चात् नगर में रक्तवृष्टि हुई। इस पर ब्राह्मणों ने जातकर्म-संस्कार सम्पादित करके शिशुओं का नामकरण किया तथा अक्षरों से श्रवण करने का उपदेश दिया। इला राशि की माता थी जो विकल्प से भूमि पर अवतरित हुई, इसीलिए बेला के नाम से जानी गई। बारह वर्ष की होने पर उस वरवर्णिनी ने अपने पिता से कहा-मंडप में जो मुझे रक्त स्नान कराएगा, वही मेरा पति होगा। इस पर राजा ने तारक को इसका पति खोजने का दायित्व सौंपा।

पिता के आज्ञा से तारक समुपयुक्त धन आदि से सज्जित बहन के लिए वर खोजने चल दिया। सब ओर से निराश वह तारक अन्त में अपने मातुल महीपति के पास गया और उनसे सभी कथा कही। राजा महीपति ने उसे वीर ब्रह्मानन्द के बारे में बताया। बहुत बलशाली यह ब्रह्मानन्द धीमान विश्व भर में अपने प्रकार का निराला है, उससे अधिक बलवान अन्य दूसरा नहीं। यह सुनकर तारक अपनी सेना के साथ तुरन्त वहां पहुंच गया। उस पद्य को, जिसे इला ने अपनी इच्छा सुवर्ण से अंकित कर पिता को दी थी, तारक ने सामने कर दिया। कृष्णांश ने उस पद्य को पढ़कर कहा कि मैं राजा ब्रह्मानन्द को अवश्य विवाहूंगा। सभी यह देखकर चुप हो गए। तारक द्विजों के साथ अभिषेक करके अपने घर वापस लौट गया। माघ मास के शुक्ल पक्ष की त्रयोदशी तिथि विवाह के लिए निश्चित हुई।

तालन, परिमल, आह्लाद, सुखसानि, बलखानि, नेत्रसिंह आदि अपने बारह लाख सैन्य बल के साथ बलवान तालन महाराज भली-भांति सुरक्षित देहली नगर में आ गया। देव मनोरथ नाम के अश्व पर चढ़ा हुआ, कृष्णांश बिन्दु अश्व पर, इन्दुल अपने देवश्व पर, रूपण, कराल अश्व पर, आह्लाद पपीहक पर सवार था। बलखानि और उकसा अनुज दिव्य वाहनों पर थे। इस प्रकार सभी अपनी पताकाओं सहित शिविकाओं और रथ सहित विद्यमान थे। महीराज ने प्रसन्नतापूर्वक सबका स्वागत किया। एक रमणीय विमान पर ब्रह्मानन्द पधारा। दुर्ग के द्वार पर विधि-विधान के साथ विवाह की रम्य क्रिया सम्पन्न करके उसने कहा

कि बेला के लिए द्रौपदी का भूषण दीजिए। इस पर इन्दुल एक ही पहर में इन्द्र से वह भूषण प्राप्त कर ले आया तथा पिता को दे दिया।

आह्लाद ने स्वयं जाकर वह भूषण बेला को पहनाए। ब्रह्ममुहूर्त में विवाह हुआ। उसके बाद सातों चक्रों ने गगनभेदी स्वरों और भीषण युद्ध के बाद सौ भूपों को मारकर उनकी रक्त-धाराओं से कला में उत्तम बेला को स्वरूप में द्रौपदी का स्नान कराया। संभी शूरवीरों को भोजन कराकर, सभी शूरों को मारकर बलि राजा ने दस लाख स्वर्ग मुद्रा ग्रहण करके नवविवाहित बेला को नमस्कार करते हुए कहा कि हे राजन्! यह लक्षण महान् बल वाला है। मेरी पत्नी को लाकर यह दासी बनाना चाहता है। यह सुनकर परिमल ने बहुत समझाया लेकिन उस राजा की समझ में नहीं आया।

राजा के सहित सात पुत्रों को त्याग कर महाबलि ने दम्भ के साथ शपथ ग्रहण की और दस रात्रि वहां रहने पर विदा मांगी। बलवान महीराज ने राजा परिमल से निवेदन करते हुए कहा कि हे महाराज! आपकी वधू बेला, अभी बारह वर्ष की बच्ची है। माता-पिता के वियोग को वहन करने से असमर्थ है। इसीलिए आप इसको यहीं छोड़कर घर पधारें। पति योग्य होने पर इसे पहुंचा दिया जाएगा। राजा परिमल द्रवित हो गए और महीराज के साथ स्नेह से गले मिलकर घर लौट आये। महारानी ने अपने पुत्र को विवाहित और घर में आया देख प्रसन्नता से एक बड़े उत्सव का आयोजन किया। चंडिका के प्रसाद से उसने होम भी कराया। इस प्रकार वे अपने गृह प्रदेश में सुखपूर्वक रहने लगे।

बलखानि ने अपनी सेना का इतना पतन देखकर मानसिक पीड़ा का अनुभव किया और युद्ध से विमुख हो गया। उसने अपने मतिमान मित्र देवसिंह को बुलाकर मंत्रणा की जिससे कार्य सिद्ध हो सकें। देवसिंह जानता था कि महेन्द्र का पुत्र इन्दुल अस्त्र-शास्त्र विद्या का पंडित है। उसने बलखानि की सेना को अवरुद्ध कर दिया है। दिवा मुख में किसी दिव्य अस्त्र द्वारा ही यह स्तवन किया जा सकता है। अतः देवसिंह ने यह भी कहा कि तालन मिलकर कृष्णांश के द्वारा शुभानन्द शक के पुत्र के

पास जाकर शीघ्र ही विजयी बनो। इस प्रकार देवसिंह के वचन सुनकर बलवान ने भाई मित्रों से सम्बन्धित होकर प्रवर प्रवीण पंडित कृष्णांश के इक्कीसवें वर्ष के प्राप्त होने पर हयवाहन से पोतों में सेना को निवेशित किया। हयों पर जो सेना समन्वित थी, उन्होंने दृढ़ कपाट को खोलकर नगर में प्रवेश किया और वहां शत्रु के दुर्ग रक्षकों को मारकर दुर्ग में प्रवेश किया।

अन्तःपुर में बलवान् कृष्णांश ने कमल के समान नेत्रों वाली पद्मिनी को देखा। उस रूपमयी को बलपर्वूक डोले में बिठाकर शत्रु को लूटकर शिविर में प्रवेश किया, जहां महायुद्ध हो रहा था। देवसिंह को और तालन से युक्त होकर इन्दुल के अस्त्र द्वारा पालित सेना का नाश कर दिया। शत्रु सेनापति सुखवर्मा को भी मार दिया और उस महान् योद्धा के हत हो जाने पर स्वयं जयन्त भी मूर्च्छित हो गया। शुभानन्द शक के पुत्र ने यह दृश्य देखकर अपने प्रताप से सेना तथा सुखवर्मा को जीवित कर दिया और अपने घर लौट आया। वहां देखने पर उसे पता चला कि तमाम सेना मारी जा चुकी है। धन लूटा जा चुका है और उसकी प्रिया पद्मिनी का हरण हो गया है। इस प्रकार पुनः अपना शत्रु विमोहित करने वाला धनुष ग्रहण किया और एकाएक क्रुद्ध होकर रात्रि को ही शत्रु के शिविर में पहुंच गया।

इसी समय महान् बलवान तीर बलखानि उसे सुन्दरी बाला को देखकर विलाप करने लगा, हे इन्दुल, महावीर मेरे बन्धु! यह नारी रूप लावण्ययुक्त हैं और वह मूर्च्छित हो गया। उसी समय बलवान शक का पुत्र भी वहां पहुंच गया और कृष्णांश की सुरक्षित सेना का हनन कर दिया। अपनी सेना का इस प्रकार पतन देखकर सेनापति तालन ने बड़े ऊंचे शब्दों में सिंहनाद करते हुए युद्ध का बिगुल बजा दिया। किन्तु अन्त में तालन मारा गया। इससे दुःखी कृष्णांश ने वायव्य अस्त्र का प्रयोग किया जिसके विपरीत इन्द्र-पुत्र ने गन्धर्व अस्त्र चला दिया। इस भयानक युद्ध को देखकर समस्त भूमिपाल और देव आदि वहां उपस्थित हो गए। प्रातःकाल बलखानि ने अपने सम्मुख एक रम्य बालक देखा, उसके पिता के बन्धु बलखानि ने स्वयं शपथ ली थी और उसने कहा, हे कृष्णांश!

मैं अपने ही खड्ग से तेरा सिर काटूंगा, नहीं तो नाम से सती स्वर्णमती माता दूषित हो जायेगी।

इतना कहकर वह रुष्ट होकर चला गया और उस बालक के समीप जाकर बोला, तुम आह्लाद के प्राण समान हो और स्वर्णमती के अंग समान हो, पहले मुझे मार दो फिर अपने पितृव्य कृष्णांश का वध करना। इस प्रकार अपने सम्पूर्ण कुल को समझकर हाथ का खड्ग त्याग दिया और अपने चाचा के पैरों में गिर पड़ा। उस शिशु के वचनों को सुनकर कृष्णांश ने उसे प्रेम से गले लगा लिया। जब राजा पृथ्वीराज ने यह समाचार सुना तो उसे विस्मय हुआ। वस्तुतः पद्मिनी दुर्वासा का शाप ही भूमंडल पर भोग रही थी।

उदारबुद्धि वाले चन्द्रभट्ट ने भूमिराज महाराज पृथ्वीराज से कहा कि मैंने इस विश्व की रचना करने वाली देवी की आराधना की है। वह तीन वर्ष के अन्त में वरदान देने वाली, समस्त भयों का हरण करने वाली प्रसन्न हुई। उसने मुझे कुमति को ध्वंस करने वाला ज्ञान प्रदान किया है और ऐसा कहते हुए चन्द्रभट्ट ने शुभग्रंथ को उस सभा में देवी के भक्तों के माहात्म्य के रूप में सुनाया, जिसे सुनकर पृथ्वीराज बहुत चकित हो गया था, और इसके फलस्वरूप पृथ्वीराज ने उमापति महादेव का पार्थिवों के द्वारा एक हजार दिन तक प्रसन्नता से पूजन किया था।

महावति युद्ध का वर्णन करते हुए सूतजी ने कहा कि श्रावण मास समाप्त होने पर सदा कलह को प्यार करने वाला राजा महीपति नागोत्सव देखने के लिए दिल्ली गया और वहां की शोभा को देखकर उसने महीराज से कहा कि हे राजन! कीर्तिसागर के मध्य रहने वाले महीवति गांव में वामन उत्सव बहुत प्रसिद्ध होता है। आप सदलबल वह उत्सव अवश्य देखें। ऐसा सुनकर महीराज अपनी सात लाख सेना के साथ शिरीष वन में जाकर ठहर गये। उधर महीपति ने चन्द्रवंशी राजा को प्रणाम करते हुए कहा कि हे महाराज! युद्ध करने की इच्छा लेकर महीराज आपकी सीमा पर पधार चुका है। वह आपकी कन्या चन्द्रावली और पुत्र ब्रह्मानन्द को दिव्य लिंग की पूजा करके बलात छीन ले जाएगा।

आप मेरी सेना के साथ मिलकर उसे पराजित कर सकते हैं। महीपति की इस कुटिलता ने दोनों शांतप्रिय राजाओं के बीच युद्ध का बीज बो दिया। इस प्रकार दोनों सेनाओं को युद्ध तत्पर देखते हुए मलना विचारी पुत्र की दुखिया ने कृष्णांश को सूचित करने के व्याज से देवी शारदा की स्तुति-आराधना की। दस हजार मन्त्रों का जाप किया।

इस पर देवी ने प्रसन्न होकर उसकी बाधाएं शान्त होने का आशीर्वाद दिया और दूसरी तरफ कृष्णांश को जाकर यह सूचित किया कि तेरी जननी महीराज के द्वारा सताई जा रही है। तू शीघ्र ही उसका उद्धार कर। वह वीर यह सुनकर विस्मित हुआ और देवसिंह से बोला कि अब उन्हें क्या करना चाहिए। इस पर विचार करते हुए वे महीवति के प्रस्थान कर गए। इस प्रकार तालन, आह्लाद के बिना अपनी सात लाख सेना के साथ वहां पहुंच गए। भयानक युद्ध हुआ। राजा परिमल सैन्य को पराजित देखकर महीराज के समीप उपस्थित हो गए। चन्द्रावली का पति यादव हाथी का आरूढ़ था। ब्रह्मानन्द ने तारक शत्रु और यादव ने धुन्धुकार के साथ धनुर्युद्ध किया। महान् पापी महीराज वामन उत्सव में आ गया। आह्लाद और कृष्णांश के बिना महान् दुःख उपस्थित हो गया।

यह संग्राम वृत्त देखकर एक अयुत सेना का स्वामी चामुण्ड महीपति के वचन मानकर नगर में आ गया और राजगृह में चला गया। उसे देखकर मलना अधिक दुःखी हुई, उसे देखकर चन्द्रावली भय से पीड़ित हुई, क्योंकि उसे बताया गया कि यह देवी दत्त तुम्हारा कार्य कर देगा। वह पवित्र नारी उसके साथ कैसे जा सकती थी। उसके इस वचन को सुनकर लज्जित महीपति चामुण्डा के साथ महारण में आ गया। उस सारे ग्राम को स्थलीभूत देखकर वह अधिक विस्मित हुए और सब सुख से भ्रष्ट होकर हिमद मुनि के दर्शन किए और शोक से डूबे हुए बोले, हे मुनि! बली बलखानि जो बहुत समर-कुशल था, वह कहां चला गया? हिमद मुनि ने बताया कि बलखानि को महीराज ने छल से मार डाला है और उसकी सुन्दरी चिता को प्राप्त कर गई। यह सुनकर कृष्णांश दुःखी होकर विलाप करने लगा। ऐसा कहा गया कि पिशाच रूप में बलखानि अपनी पत्नी के

साथ वहां आकर रुदन करने लगा। उसने अपना सारा वृत्तांत सुनाया।

वह विमान में चढ़कर मनोरम स्वर्ग को पहुंच गया। जहां उसकी कला युधिष्ठिर में लय हो गई। कृष्णांश ने यह सुनकर अपने भाई को तिलांजलि दी और महिवती गांव में राजगृह में पहुंचकर लास्यवाद्य बजाता हुआ वेणु के शब्द के साथ नाचने लगा। रानी मलना इस उत्सव को देखकर विलाप करने लगी और राजा विमोहित हो गया। इस प्रकार मलना को देखकर कृष्णांश ने उसे कहा, यद्यपि हम सब लोग योगी हैं किन्तु युद्ध-विद्या में भी पंडित हैं। तेरे इस समस्त कार्य को करके ही हम नैमिष कार्य में जायेंगे। दूसरे कुल के हनन करने वाले महीपति ने यह जानकर कि कृष्णांश आ गया है, चन्द्रवंशी के पास जाकर वह पुत्र के लिए रोने लगा और कहने लगा, हे महाराज! उन योगियों ने मलना और चन्द्रावली को मार डाला। समस्त स्त्रियों को लूट लिया है। योगियों के वेश में सब महीराज के समीप हैं। मेरी बहन को महीराज के लिए दे दिया। यह सुनकर बलवान महाराज ब्रह्मानन्द अपनी एक लाख सेना लेकर युद्ध के लिए सन्नद्ध हो गया।

योगी वेश में तालन ब्रह्मानन्द से युद्ध करने के लिए आ गया। लक्षण ने तामसेन को, देव ने रणजित को और ब्रह्मानन्द ने तालन को बांध लिया और फिर लक्षण के साथ युद्ध किया। कृष्णांश योगी सेना का इस प्रकार पतन देखकर समस्त नारियों के साथ ब्रह्मानन्द के पास आ गया। इसके बाद दोनों नर और नारायणांशों का महान् युद्ध हुआ। ये लोग अब उल्टे घिर गये। उन महान् वीरों के मृत्यु को प्राप्त हो जाने पर ब्रह्मानन्द अत्यन्त दुःखी हुआ। बलवान महीराज ने पुत्र-शोक से पीड़ित होकर संकल्प किया कि रम्य शिरीषाख्यापुर जैसे मैंने शून्य कर दिया था। उसी प्रकार ब्रह्मानन्द के साथ यह समस्त महावति और चन्द्रवंश में होने वाले लोग मेरे ही बाणों के द्वारा क्षय को प्राप्त होंगे। यह कहकर राजा ने धुन्धुकार बुलाया। इस प्रकार पुनः पांच लाख सेना के साथ महीराज तारक के साथ संयुक्त होकर युद्ध में सन्नद्ध हो गए।

इस प्रकार कृष्णांश को आगे शोभा वेश्या के समागम में, पुराणाचार्य

और पुराणों के भेद का वर्णन करते हुए सूतजी ने कहा कि महाबलशाली कृष्णांश कार्तिक पूर्णिमा में उदित चन्द्रमा के समान कृत्तिका नक्षत्र में दस हजार सेना के साथ स्वर्णवती के साथ विवाह मुकुट के सम्यक त्याग करने के लिए गया। परम पवित्र उत्पलाख्य के निकट बहने वाली गंगा के तट पर उत्तम लोह कीलक स्थान पर प्रसन्नतापूर्वक स्नान करके उसने एक हजार गौओं का दान किया। यहां एक परम सुन्दरी और अत्यन्त रमणीक शोभा नाम की वेश्या से उसका परिचय हुआ। शोभा ने भी ऐसे बलिष्ठ और तेजस्वी पुरुष को पहली बार देखा था। कृष्णांश इस दशा में उसको देखकर अपने निवास स्थान पर ले आया। विप्रों को बुलाकर पूछा कि अठारह पुराणों के प्रयोग करने से क्या फल मिलता है? आप सभी वेद-शास्त्रों में पारायण हैं। कृपयां बताएं! कृष्णांश से ऐसा सुनकर विद्वानों में श्रेष्ठ मुनि ने बताया कि जिसके देवता विष्णु हैं, उस पुराण की रचना पाराशर मुनि ने की। शिव के स्कन्द पुराण, ब्रह्मा के मुख से पद्म पुराण और भागवत ब्रह्म पुराण शुक मुनि ने रची। हरि के द्वारा गरुड़ पुराण रची गई है। ये छः सात्त्विक संभव पुराण हैं।

मत्स्य, कूर्म, नृसिंह, वामन, शिव और वायु ये पुराण व्यास मुनि द्वारा रचे गये और राजस कहे जाते हैं, ये कर्मकांड से परिपूर्ण हैं। वराह और मार्कण्डेय पुराण मार्कण्डेय मुनि के द्वारा रचे गये। अंगिरा मुनि ने अग्नि पुराण और तंडी के द्वारा लिंग और ब्राह्मांड पुराण तथा लोक के लिए महादेव ने भविष्य पुराण की रचना की। ये छः पुराण तामस पुराण कहे जाते हैं। इनमें भागवत परम श्रेष्ठ पुराण है। पृथ्वी पर घोर कलयुग होने पर महाराज विक्रम ने कैलाश से भूमि पर आकर नैमिषारण्य में निवास करने वाले सभी मुनियों को बुलाकर सूतजी से निवेदन किया कि वे अन्य पुराणों का श्रवण कराए। सूतजी ने ही अठारह उप-पुराण भी बताए थे। इस प्रकार मुनियों से पुराण चर्चा सुनकर कृष्णांश ने निरन्तर सात दिन भागवत पुराण का श्रवण किया। ब्राह्मणों को गौ और सुवर्ण दान दिया तथा वेदज्ञानी एक हजार ब्राह्मणों को भोजन कराया। यह कामातुर शोभा वेश्या भिक्षुक होकर माया करने लगी। जहां कृष्णांश स्थित थे।

उसने पिशाच वीर रुद्र के किंकर महामल को ध्यान में लाकर सब को पाषाण कारिणीमाया से पाषाण बना दिया। देवी स्वर्णमती ने शोभा द्वारा उत्पन्न की गई उस माया का छेदन कर दिया और प्रसन्न होकर उस वामांगी को अपने घर ले जाने को उद्यत हो गई। वह वेश्या शोक से आविष्ट हो गई और स्वर्णवती के मन्त्र में स्थित उत्तम और रमणीय एक लाख मूल्य वाले श्रृंगार का माया से अपहरण करके वह धूर्ता अपने देश चली गई।

कल्प क्षेत्र में आकर नेत्रसिंह की पुत्री ने वेश्या के द्वारा श्रृंगार के चोरी हो जाने का रहस्य जाना तो दुःखी हुई। उसने अपने पति कृष्णांश से उसे माया की सुरक्षा के लिए गुटिका देते हुए कहा कि मेरा श्रृंगार मुझे तुरन्त वापस लाकर दो। यह गुटिका धूर्ता माया से तुम्हारी रक्षा करेगी। कृष्णांश ने ऐसा ही किया।

उस वेश्या के पास जाकर जब उसने अपनी पत्नी का श्रृंगार वापस मांगा तो शोभा ने एक नया मायाजाल रचकर अपने भाई को मृत्यु के मुख में से निकाल लाने के लिए रुदन करते हुए कृष्णांश के मुख की गुटिका मांग ली। उस धूर्ता ने उसका शरीर एक पिंजरे में स्थिर करके कृष्णांश को लेकर काम से विह्वल होकर ब्रह्मलोक में आ गई और नगर में रहने लगी। उसने कृष्णांश के लिए अपना दिव्यमय शरीर धारण करके उससे अर्धरात्रि में आलिंगन करने का प्रयास किया। उसे इस प्रकार काम व्याकुल देखकर कृष्णांश ने माता जगदम्बा का स्मरण किया और धैर्य रखते हुए रात्रि सूक्त से देवी की स्तुति की। जिसके प्रभाव से वह स्वेदिनी असफल हो गई। तो उसे तोते के रूप में परिणत कर दिया और चिंचिणी के वृक्ष पर आरूढ़ हो गई।

देवी स्वर्णपती विष्णु की माया के द्वारा जीवित की गई और अपने बाज शरीर बनाकर प्रसन्नता के साथ वहां पहुंची और कृष्णांश को वहां एक तोते के रूप में पाया। इसी बीच उस वेश्या ने पुनः अपना शुभ शरीर बना लिया और कृष्णांश को नर रूप में परिवर्तित करते हुए उससे काम-याचना करने लगी कि प्रिय स्वामी! आप धर्मज्ञाता हैं। मुझ

कामविह्वल को रतिदान प्रदान करके कृतकृत्य करें। इस पर कृष्णांश ने कहा, हे देवी! मैं वेद-पुराण, सदाचारी, धर्मपालक हूं और यह जानता हूं कि जो पुरुष अपनी विवाहित शुभ नारी का ऋतुकाल में उपभोग नहीं करता, वह तिर्यक योनि भोगता हुआ नरकगामी होता है। इसलिए पराई स्त्री के साथ भोग अधर्म है। यह सुनकर उस वेश्या ने प्रत्युत्तर में कहा कि महर्षि विश्वामित्र ने और शृंगि ऋषि ने भी स्वर्गिक वेश्याओं के साथ समागम किया है। इसलिए आप कामिनी को तुष्ट करें।

कृष्णांश ने उससे कहा कि उन ऋषियों ने अपनी तपस्या के बल से पाप को काटकर यह समागम किया था। वे तो मुनिगण परम तपस्वी तथा समर्थ थे। मैं इसमें असमर्थ हूं, पुरुष का आधा अंग स्त्री होता है, खासक मैथुन में। मैं आर्य हूं, तू बहुतों का उपभोग करने वाली वेश्या। ऋषि शब्द पूर्वस्थ से उत्पन्न हुआ है। वह ऋग्ज सनातन है, जो शब्द योगज होता है वह दक्षिणात्य से यजुर्भव है, जो शब्द तद्धितान्त है और पश्चिम मुख के समान है, छन्दोभूत हैं वे ब्राह्मणों के 'प्रिय' हैं, वर्ण मात्र अथर्वज होता है, पंचम मुख से उत्पन्न शब्द संसारकारी होते हैं। सभी प्रा्कृत हैं जिनके चार लाख होते हैं।

जो इनको त्यागने वाला चारों वेदों में परायण होता है वह द्विज संसार रूपी जंगल को त्याग करके अनामय पद को प्राप्त किया करता है। यावनी भाषा कभी नहीं बोलनी चाहिए। मदमस्त मन्दिर में सताया होकर भी जैन मन्दिर में नहीं जाना चाहिए। स्मृतियों के, ये मुनियों द्वारा पढ़े गये वाक्य कैसे भूल सकता हूं, कैसे अपना आर्य धर्म त्याग सकता हूं। यही तो जीवनाधार है, सभी लोकों में व्यक्ति की रक्षा करते हुए सुख प्रदान करने वाला होता है। कृष्णांश के द्वारा यह सुनकर शोभा क्रोध से भर उठी। उसने उसे फिर बेंतों से पीटकर तोता बना दिया। उस समय वह स्वर्णवती अपना शरीर नारीमय बनाकर उस वीर को एक मशक का रूप देकर वहीं अन्तर्हित हो गई। फिर उसे बाजनी का रूप धारण करके उस देश के जाने के लिए संकल्प किया। वह मशक की पीठ पर बैठकर मयूर नामक नगर में गमन कर गई। वहां बलि मकरन्द ने स्वर्णवती को

पहचान लिया। उसने चरण स्पर्श कर उसे घर में शरण दी। शोभा ने जब शुक से विहीन पिंजरा देखा तो वह मूर्च्छित होकर भूमि पर गिर पड़ी।

वह विलाप करते हुए बेचैन हो उठी। वह इस प्रकार विलाप करती हुई मदहीनपुर को चली गई। वहां मद प्रवीण पिशाच मद की पूजा करके उसने शरीर त्यागने का विचार किया। उसकी पूजा से प्रसन्न पिशाच ने उसे बताया कि कृष्णांश अपनी पत्नी के साथ वापस लौट गया है। वह मयूर नगर में वास कर रहा है। इस प्रकार वह पिशाच पांच हजार नटों के साथ शोभा को लेकर मयूर नगर पहुंच गया। विष्णु माया के द्वारा इन्दुल तथा आह्लाद क्रोधित हो गए। इनके पास तीन लाख सैन्य बल था। देव सिंह के साथ मयूर नगर में मकरन्द के पास पहुंच गये। तब शोभा वेश्या भी वहां पहुंच गई थी। उसने वहां शत्रुओं को आतंकित तथा पराजित करने के लिए भैरवी माया रच डाली।

इसके फलस्वरूप भैरवी माया को देखकर स्वयं मकरन्द वहां आ गया और भैरवी माया को मस्त करके समस्त सहायकों को पकड़कर अपने साथ ले आया। उस समय वहां शोभा की माया ने अनेक नृत्यांगनाएं वेश्याएं एकत्रित होकर अपनी काम-चेष्टाएं दिखलाने लगीं। उनके लावण्य से समस्त सुनने-देखने वाले मोहित तथा मूर्च्छित हो गए थे। देवसिंह और कृष्णांश को छोड़कर वे सभी जड़ता को प्राप्त हो गये। स्वर्णवती देवी ने कामाक्षा देवी की स्तुति-वन्दना करके सभी को पुनः चेतनता में ला दिया। मयूरध्वज और उनके स्तम्भों से बांध दिया, महामद यह सब लीला जान गया और भगवा रुद्र के ध्यान में लीन हो गया। शाग्बरी माया की रचना करके उसने नाना प्रकार के सत्त्वों की विद्यायिनी से वराह, वानर देशकनर आदि सभी वर्ग के हिंस्र पशु सम्मिलित थे।

उस समय स्वर्णवती ने कामाक्षादेवी की स्तुति करके सबको परास्त करने के लिए स्मरजा माया की रचना की। इसके प्रभाव से महाबलवान शरभ ने प्रकट होकर सभी शम्बरी माया के प्रभाव को निष्फल कर दिया और हिंस्र जीव को नष्ट कर दिया। सेना में हाहाकार मच गया। शोभा अब परास्त होकर स्वर्णवती की दासी हो गई। अहुर सब नटों द्वारा चूर्णित

कर दिया गया। इस प्रकार चार वर्ष तक चला यह युद्ध वैशाख मास के प्रारम्भ होने पर समाप्त हुआ। सभी वीर अपने-अपने घर लौट आए।

चन्द्रवंशियों के अंतिम घोर संग्राम का वृत्तान्त सुनाते हुए सूतजी ने बताया कि कृष्णांश के 32 वर्ष के होने पर योग के रूप में बेला नाम की एक शुभ नारी महावती नगर में आई और सभा में प्रवेश किया। अपना प्रिय समझकर अपने कृष्णांश को अप्रिय तथा शत्रु मानकर महान बलशाली मेरे पति ब्रह्मानन्द को मृत्यु का ग्रास बनाया। महीराज के पुत्र बड़े धूर्त थे। तारक आदि से ये मिले हुए थे। इन्होंने छल से मेरे स्वामी को बहका लिया। कुरुक्षेत्र में मेरे स्वामी मूर्च्छित पड़े हैं। सत्यता का बोध होने पर परिमल को पश्चात्ताप हुआ। महीराज तथा मलना को धिक्कार है जो हमारा मित्र ही हमारे हाथों मरवा डाला। इस पर कृष्णांश तथा अन्य वीर भी दुःखी होकर पश्चात्ताप करते हुए विलाप करने लगे। इसके बाद उन्होंने अपने भूपों के प्रति पत्रों को भेजा।

क्रोध से युक्त बेला ने भी एक बहुत तीक्ष्ण पत्र लिखा और महीराज को भेज दिया। यह पत्र महीराज ने विद्वान से पढ़वाया, यह सारा वृत्त जानकर महीराज भी चिंता मग्न हो गया। उसकी मानो नींद उड़ गई थी। उसने सारे राजाओं को आमंत्रित किया तथा महावीर युद्ध के लिए सन्नद्ध हो गया। धृतराष्ट्र के वंश में उत्पन्न वह वीर चौबीस लाख सेना तथा राजाओं से संयुक्त होकर शीघ्र ही कुरुक्षेत्र पहुंच गया। इधर राजा परिमल भी सोलह लाख विशाल सेना के साथ बेला और अपने कुल के साथ वहां पहुंच गया। वहा स्यमंत पंज तीर्थ में शिविर बनाकर जहां ब्रह्मानन्द की समाधि थी, पड़ाव डाल दिया। गंगा के किनारे पर सभी कौरवांश बलशाली विजय को आतुर अपने-अपने शिविर में उद्वेलित थे।

कार्तिक पूर्णिमा का स्नान करके, दान-पुण्य आदि अनुष्ठान कर्म सम्पन्न करके मार्ग कृष्ण की दूज के दिन वे सभी युद्ध के मैदान में उपस्थित हो गए। विष्वक सेनीय राजा लहर भी अपनी सेना के साथ वहां आ गया। वह भी अपने 16 बलवान कौरवांश पुत्रों के साथ था। ये दुस्सह, दुश्शल, जलसन्ध, समसहविन्द, अनुविन्द, सुबाहु, दुष्प्रवर्धन,

दुमर्षण, सोमकीर्त्ति, अनदूर, शल, सत्त्व, विवत्सु नाम वाले थे। तोमर वंश का राजा बाहलीक देश का स्वामी भी वहां आ गया। वह अपनी तीन लाख सेना तथा सात पुत्रों के साथ आया था। चित्र, उपचित्र, चित्राक्ष, चारुचित्र, शरायन, सुलोचन, सुवर्ण, नाम वाले ये सभी पूर्व जन्म में कौरव थे। परिहरावंश का राना माया वर्मा भी बड़ा बली था, यह अपने दस पुत्रों और एक लाख सेना के साथ आ गया था। ये सभी पुत्र कौरवांश में अंग-पति के उन्मत्त, मत्त, दुर्मद, दुर्गुख, दुर्धर, वायु, सुरथ, विरथ के नाम से विख्यात हुए थे। शुक्ल वंश का राजा भूपाल वर्मा भी अपनी एक लाख तथा दस पुत्रों के साथ उपस्थित हो गया। जो कौरवांश थे अब मूल वर्मा के घर जन्मे थे।

चन्द्रवंशी राजा कैकय एक लाख सेना से समन्वित था। इसके दश पुत्र भीमवेग, भीलबल, बलकोर, बलनर्धन, उग्रायुल, दण्डधर, दृढ़सन्ध, महीधर, जरासन्ध, सत्यसंध—ये भी पूर्वजन्म में कौरव वंश थे, अबकैकय के घर काम, प्रकाम, संकाम, निस्काम, निरपत्रप, जय-विजय, जयन्त, बलवान, नाम से जाने गए। नागवंश में उत्पन्न राजानाम वर्मा भी अपने दश पुत्रों और एक लाख सैन्य बल के साथ समुपस्थित हो गया। ये भी कौरव अंशावतार भूमि पर पुनः जन्मे थे।

इसी प्रकार तोमर वंशी भद्रवेश, शार्दूलवंशी राजा, मगध स्वामी पूर्णम, रूप देश का राजा मंकण, राजा नैनसिंह, शल्यवंशी, शकुनि अंश का राजा गणपति, मयूरध्वज विराटवंशी, कामसेन के साथ वीरसेन, उग्रसेन वंशी राजा लक्षण, तालन-धान्य पाल, लल्लसिंह, भीमसेन, युतुत्सु तथा कुतिभोज के वंशी, तथा कृष्णांश को लेकर राजा आह्लाद आदि के साथ अनेक छोटे-बड़े सभी राजा अपनी लक्षौणि सेना तथा पुत्रों के साथ समुपस्थित हुए।

कैकय तथा मूल वर्मा—राजा परिमल के साथ भिड़ गए, वीर नेत्रसिंह तथा मयूरध्वज भी शशिवंशी राजा से भिड़ गए। वीरसेन अपने पुत्रों के साथ चांद्रि के पक्ष में था। लक्षणपूर्ण युद्ध के लिए उपस्थित था ही। आह्लाद चंद्रवंशी राजा के पक्ष में जाने को तैयार था। राजा चन्द्रवंश

रणोन्मुख हो गया। इस प्रकार परिमल की सोलह लाख सेना युद्ध में कूद पड़ी। लहर महीराज के साथ मिल गया। अभिनन्दन मायावर्मा, नागवर्मा–भद्रवेश, मंकण, धुन्धुकार, कृष्णकुमार, भगद्रत्त, दलवाहन पुत्र अंगद, आदि सभी महीराज के पक्ष में युद्ध के लिए सन्नद्ध हो गए। महीराज के पक्ष में एक हजार छोटे राजा थे।

इनके दो सौ राजाओं को महीराज ने राष्ट्र की रक्षा के लिए दिल्ली भेज दिया। अठारह दिन यह भीषण युद्ध चला। इससे सभी की बहुत हानि हुई। मार्गशीर्ष कृष्णा द्वितीया को महाराज ने लहर को धुन्धुकार तथा चामुण्ड के साथ रण में जाने का आदेश दिया। राजा परिमल ने मयूरध्वज को बुला लिया और उसे कृष्णांश, जयंत तथा देवसिंह के साथ युद्ध में भेजा।

इस प्रकार भारी तथा तुमुलध्वनि वाला युद्ध समारस हुआ। इन्दुल देवसिंह और कृष्णांश ने चामुण्ड, धुन्धक तथा भगदत्त को पराजित कर दिया। प्रातःकाल महीराज ने पुनः मायावर्मा को युद्ध संचालन का दायित्व सौंपा तो राजा परिमल ने जगन्नाथ को सेनापति बनाकर भेजा। इनका भी हश्र चामुण्ड की भांति ही हुआ। अगले दिन राजा परिमल की ओर से वीरसेन तथा महीराज की ओर से नागवर्मा ने सैन्य–सूत्र संभाला। लेकिन तीन पहर से पहले ही नागवर्मा भी परास्त हो गया। इस प्रकार यह भीषण युद्ध चलता रहा। महीराज के सेनानायक अपनी सेना के साथ धराशायी होते रहे।

इस समय तारक चामुण्ड के साथ दो लाख सेना तथा दो सौ राजाओं के साथ युद्ध में उपस्थित हो गया। सारे राजाओं को आगे करके ये दोनों महारथी पीछे ही रहे। रणभूमि में भीषण युद्ध हुआ। एक पहर में ही कृष्णांश तथा देव के सभी राजाओं को मारकर, एक लाख सैनिकों को मारा और दोनों वीर थक गए।

ये बड़े धूर्त तथा छिद्रदर्शी थे। कृष्णांश तथा देवसिंह मूर्च्छित हो गए। तारक से बिगुल बजा दिया। चामुंड ने मूर्छा त्यागकर कृष्णांश का सिर धड़ से अलग कर दिया और उनका मस्तक लेकर महीराज के पास

आ गया। महीराज ने पहली विजय देखकर उत्सव किया। लक्षण की सेना में हाहाकार मच गया। राजा ने दोनों को मरा समझ लिया। इस प्रकार ब्रह्मानन्द ने मूर्च्छा त्यागकर बेला से कहा, हरि नगर पर सवार होकर शीघ्र रणस्थली जाओ, मेरा वेश धारण करके तारक का वध करो।

बेला रामांश से युक्त थी। त्वरित वेग से एक हजार शूरों के साथ प्रस्थान कर गई। एक पहर बीतते ही रामांश ने उसके हाथी को मारकर उससे मल्लयुद्ध किया तथा भाई का हनन करने वाले का मंथन किया और मार डाला। इसके बाद उस द्रुपदात्मजा ने विधि-विधान से चिता की याचना करके ब्रह्मानन्द को प्रणाम किया और स्वयं उसको लेकर चिता में समारूढ़ हो गई और उस शुद्धा ने श्वसुर की आज्ञा के प्रसन्नतापूर्वक अपने पति की सात जन्म की कथा कहकर दाह किया। उस चिता में बलवा इन्दुलभर्ता को संस्थापित करके उसके साथ कलेवर को दाह किया। रात्रि में राजा परिमल लक्षण से समन्वित होकर महीराज से युद्ध के लिए चला। उस समय सवा लाख महाबल वाले शूर ही बचे थे।

धायपाल ने सौ राजाओं, सौ लक्षण तथा सौ तालन को मार डाला और राजा के पास लौट आए। यह जानकर महीराज बहुत दुःखी हुआ। उसने रुद्र महेश्वर का ध्यान किया और आधी रात को वह महीराज मरने से बचे वीरों के साथ भाग खड़ा हुआ। रुद्रदत्त बाण के द्वारा राजा परिमल को मारकर बलवान धायपान तथा तालन का वध करके लक्षण के युद्ध में ललकारा। महीराज के रौद्र अस्त्र से सभी वीर भयभीत हो गए तथा वीरगति को प्राप्त हुए। महीराज ने फिर लक्षण के प्रति रौद्र अस्त्र का संधान किया। लक्षण ने वैष्णव अस्त्र चलाया। इससे महीराज का सायक मारा गया। महीराज को भी काफी क्षति हुई। फिर भी उसने महादेव रुद्र का ध्यान करके, वैष्णवी विद्या का त्याग करके लक्षण का सिर धड़ से अलग कर दिया। उषाकाल होने पर मलना ने अपने उत्तक पति की चिता बनवाकर अपना शरीर दाह कर दिया। चौथे सोमवार के दिन विमल प्रभात के होने पर सबको हूत होने पर अपनी भार्या के सहित कलि वहां मनवांछित फल प्राप्त कर बड़ी श्लक्षण वाणी द्वारा स्तुति करने लगा था।

कलि ने कहा, हे आह्लाद! सबको आनन्द प्रदान करने वाले हे योगेश्वर! आपके लिए मेरा नमस्कार है। आप क्षुद्र राजाओं का वध करने वाले और भूमि का भार हटाने वाले हैं। अतः आप अपनी मन इच्छा वरदान मांग सकते हैं। इस पर राजा आह्लाद ने कहा कि हे देव! यदि आप प्रसन्न हैं तो मेरी यह कीर्ति जन-जन में फैला दें और मुझे इतनी शक्ति दें कि शिव-भक्त महीराज के नीलरूप नेत्र की शुद्धि कर सकूं। यह वर्ण देवताओं को दुःख देने वाला और दैत्यों का हर्ष बढ़ाने वाला है।

कलि का इस प्रकार आशीर्वाद प्राप्त करके वह रामांश हाथी पर सवार होकर तेज गति से महीराज के समक्ष आकर युद्ध करने लगा। इस भयानक आमंत्रण से महीराज का गज भूमिगत हो गया और महीराज युद्ध से भाग गया। ऐसा देखकर रामांश ने उसका पीछा किया और उसके केश पकड़ लिये। उस अशुद्ध राजा को यद्यपि शिव का वरदान प्राप्त था फिर भी उसके कृत्यों से कुपित होकर शिव ने उसका परित्याग कर दिया। महीराज का पतन हो गया। उसने स्वर्ण प्राप्त किया और दैत्यों का राजा बलि अपनी सेना के साथ गौर देश में पहुंचकर बोला, हे वीर! मेरे साथ चलो और राजा महीराज का हरण करके विद्युत माला ग्रहण करो। इस पर महीराज के पुत्रों को बुलाकर और उन पर विजय प्राप्त करके उस राजा आह्लाद ने महावति को जीत लिया। कीर्ति सागर में लिंग के लिए यत्न करने के बाद भी राजा उसे नहीं प्राप्त कर सका और अपने घर चला गया। वहां उसने एक लाख चण्डी यज्ञ कराकर परम आनन्द प्राप्त किया।

महर्षि वेदव्यास द्वारा द्वापर की सन्ध्या के अन्त में कहे गये वृत्तान्त को सुनाते हुए सूतजी से सूर्य और चन्द्रवंश का वर्णन किया और बताया कि वैताल द्वारा बनाए उस इतिहास को विशाला में वह फिर सुनाएंगे। विषयेन्द्रियों को उत्तम पुण्य प्रदान करने वाला यह पुराण अत्यन्त फलदाई है। ये जो भी अठारह पुराण हैं ये फिर से कहे गए हैं। इन्हें कलयुग में उपपुराण कहा जाएगा। इनके बारह अध्याय उत्तम हैं। इनमें इतिहास का जो सारभूत तत्त्व है, इन्द्रिय-आनन्द के लिए सर्वोत्तम है। उसका वर्णन सूतजी ने किया है। वित्रम आख्यान के समय के अन्त में हरि का कला

से अवतार पृथ्वी पर राधा-कृष्ण की शक्ति का अवतरण है। ऐसा कहते हुए व्यासजी ने शौनक आदि मुनियों की इच्छा को देखते हुए सूत से कहा कि हे वह्निजात। चार राजाओं के कुल को क्रमशः विस्तार से बताते हुए त्रिगुणी हरि के कलयुग में उत्पन्न होने की कथा सुनाएं।

इस पर सूत ने अग्निवंश के राजाओं का चरित्र-विस्तार वृत्त सुनाते हुए कहा कि प्रवर नामक राजा एक शुभ और दिव्य पुरी में दक्षिण दिशा में वास करता था, यह सामवेद में पारायण था। इसके यहां महामर ने जन्म लिया, इसका पुत्र देवापि हुआ। इस वंश-क्रम में बौद्ध धर्म के मानने वाले महाराज अशोक के मृत्यु को प्राप्त हो जाने पर कलि ने भगवान भास्कर की आराधना की। पांच वर्ष पश्चात् भगवान भास्कर ने उसे शक नाम वाला पुरुष प्रदान किया और उसे तैयतिरनगर प्रदान किया। इसने गोपों को अपने वश में करके आर्य देश का विनाश किया और राजाओं को मार दिया। इस कर्म के फलस्वरूप वह कम वर्ष जिया। देवदूत का पुत्र गन्धर्वसेन पराक्रमी था और अपनी तपस्या के फल से शिव को प्रसन्न करके इसने विक्रम नाम के पुत्र को प्राप्त किया।

इसने सौ वर्ष तक राज्य किया। विक्रम के वश में देवभक्त, शलिवाहन, शालिहोत्र, शालिवर्धन, शकहन्ता, सोत्र, हर्विहोद्र, इन्द्रपाल हुआ। इन्द्रपाल ने इन्द्रावति नगरी बसाई और इसके पुत्र माल्यवान ने माल्यवानी नगरी बसाई। माल्यवान के राज्य में चार वर्ष तक अनावृष्टि के कारण भयंकर अकाल पड़ा। इस पर माल्यवान ने निष्ठापूर्ण धान्य का संस्कार करके मन्दिर में शाल्यग्राम मूर्ति स्थापना की। शिव को प्रसन्न करके इसे राज्य में अनावृष्टि न होने का वरदान मिला। माल्यवान के यहां शम्भूदत्त, बिन्दुपाल, राजपाल, महीनर, सोवर्मा, कामवर्मा, भूमिपाल, रंगपाल तक चला। भूमिपाल ने अनेक राजाओं को जीतकर वीरसिंह नाम से ख्याति प्राप्त की और अन्त में रंगपाल को राज्य सौंपकर कठोर तपस्या के फलस्वरूप देवकृपा से स्वर्ग प्राप्त किया। रंगपाल के यहां कल्पसिंह उत्पन्न हुआ। यह राजा सन्तानहीन था। इसने भागीरथी नदी में स्नान करके वरदान स्वरूप कल्पक्षेत्र पुत्र प्राप्त किया। इसके यहां गंगासिंह जन्मां, यह

सन्तानहीन ही मरा और महाप्रतापी राजा प्रमर का वंश यहां समाप्त हो गया। वंश में शेष क्षत्रिय उसके पश्चात् उसकी स्त्रियों के अनुरक्त हो गए और वर्णसंकरता पैदा हो गई। वेश्यावृत्ति करने के कारण ये म्लेच्छ के समान हो गए।

तोमर वंश वृत्त सुनाते हुए सूतजी ने कहा कि वयहानि नामक एक राजा मध्यदेश में राज्य करता था। इसने अजमेर नगर बसाया। अज ब्रह्मा का नाम है और मां लक्ष्मी का। लक्ष्मी के वहां रमने के कारण यह नगर अजमेर कहलाया। उसके पुत्र का नाम तोमर था। यह शिव का भक्त था। इससे प्रसन्न होकर शिव ने इसे इन्द्रप्रस्थ नगर प्रदान किया। इसके वंश में उत्पन्न सभी तोमर कहलाए। तोमर का छोटा पुत्र चयहानि शुभ हुआ। चयहानि के महादेव, वीरसिंह, बिन्दुसार। बिन्दुसार के यहां विहात्तक हुआ और एक कन्या हुई। जिसका नाम वीरा था। वीरा का विवाह राजा विक्रम से हुआ और राजा बिन्दुसार ने विहात्तक को मध्यदेश का राज्य दिया। इसके यहां माणिक्य ने जन्म लिया। माणिक्य के यहां महासिंह और महासिंह के चन्द्रगुप्त। चन्द्रगुप्त के वंश में मोहन, श्वेतराय, नागवाह, लोहधार, वीरसिंह, विमुध, चन्द्रराय, हरिहर, वसन्त, बालांग, प्रवध, मधराय, विशाल, मन्त्रदेव, जयसिंह हुए।

इन सबने अपने पिता के समान ही शासन किया। जयसिंह ने समस्त आर्य देशों को जीत लिया और इसके फलस्वरूप उसने एक बहुत बड़े यज्ञ का आयोजन किया। जयसिंह के यहां आनन्द देव ने जन्म लिया यह भी पिता के समान ही प्रतापी था।

आनन्द देव के वंश में सोमेश्वर हुआ जो शूरवीर था। अनंगपाल के पुत्र ने कीर्त्तिमालिनी के साथ विवाह करके धुन्धुकार, कुमाराख्य तथा महीराज तीन पुत्रों को जन्म दिया। इसमें धुन्धुकार मथुरा राष्ट्र का राजा बना, कुमाराख्य पिता के पद पर आसीन हुआ और महीराज दिल्ली का राजा बना। वह सहोद्दीन राजा के वश में आकर मृत्यु को प्राप्त हुआ। उसने चयहानि के कुल को फैला दिया था और स्वर्ग को चला गया था। उसके वंश के जो क्षत्रिय थे, उनकी पत्नियां म्लेच्छों के द्वारा भोगी गईं

और इस प्रकार वर्णसंकरता का विकास हुआ। ये तब न आर्य रहे न म्लेच्छ। ये जाति से जट्ट और मेहल हो गए। मेहल म्लेच्छ जाति वाले मेव कहलाए और जट्ट आर्यमय माने गए और जाट कहलाए।

शुक्ल वंश में आदि से वृत्त सुनाते हुए सूत ने कहा कि जिस समय भगवान् कृष्ण रम्य वृन्दावन में गए उन्होंने म्लेच्छ और कलि का आगमन जान लिया था। अनेक वेदज्ञानी मनुष्य कलि से दूषित हो गए थे। आज से लेकर अड़सठ हजार वर्षों का समय कलि के समागम में हो गया। कलि ने म्लेच्छों के साथ सूर्य के पूजन में तत्पर रहते हुए आठ वर्ष तक द्वीप राज्य किया। इसके बाद भारत को लोकपालों द्वारा पालित देखकर म्लेच्छों के साथ भारतवर्ष में कलि का आगमन हुआ। यहां सच्ची आराधना करके सूर्य की सेवा में समाधिस्थ हो गया। सूर्य ने एक सौ वर्ष की कलि की तपस्या से प्रसन्न होकर अपनी किरणों द्वारा लोक को आतप्त किया और फिर महावृष्टि कराई। चार हजार चार सौ वर्ष हो चुके हैं। इस समय भारतवर्ष पूरी तरह समर्थ हो गया था।

व्यूह नामक यवन सम्पूर्ण जगत को पूरित कर दिया था। कलि के एक हजार वर्ष बीत जाने पर देवताओं के राजा इन्द्र ने ब्रह्मवर्त में काश्यप को भेजा। आर्यावती देवभक्ति ने प्रसन्नता से उसके कर को ग्रहण किया और इस प्रकार दस पुत्रों को उत्पन्न किया। वह मिश्र देश में आ गया। जहां दस हजार म्लेच्छों को अपने वश में किया। इसके पश्चात् अपने देश में आकर उनको शिष्य बनाया। सप्तपुरी के नष्ट हो जाने पर महान् उत्तम ब्रह्मवर्त सरस्वती और दृषद्वती के मध्य में रहने वाला वहां पर बस गया था। तप के धन वाले द्विजों में श्रेष्ठ अपने पुत्र शुक्ल को काश्यप में बुलाकर आज्ञा दी और स्वयं तप के लिए रैवत पर्वत पर चले गए। वहां उन नौ पुत्रों के मनुधर्म अनुयायी उस राजा ने उन्हें सनातन मनु का श्रवण कराया। शुक्ल भी रैवत पर्वत पर पहुंचकर सच्चिदानंद विग्रह वाले जगत के स्वामी वासुदेव को अपने तप द्वारा सन्तुष्ट करने में लग गया।

उस समय बलवान द्वारिका के स्वामी भगवान् परम प्रसन्न हुए और उस ब्राह्मण को हाथ में पकड़कर समुद्र के अन्त पर आ गए। उन्होंने उसे

वहां द्वारिका के दर्शन कराए। बत्तीस हजार वर्ष बीत जाने पर वह शुक्ल अग्निद्वार से अरबुद पर्वत पर चला गया। वहां अपने तीन अन्य बन्धुओं को साथ लेकर बौद्धों पर विजय पायी। हरि की कृपा से द्वारिका को हस्तगत किया और इस प्रकार रजा परम प्रसन्नता से निवास करते हुए कृष्ण के ध्यान में तत्पर हो गया। इसके यहां विष्वकसेन ने जन्म लिया।

इसके वंश में जयसेन, विसेन, मिथुन, प्रमोद और मोदासिंह जन्मे। विसेन ने अपनी कन्या राजा विक्रम को दे दी और अपने पुत्र को उत्तकराष्ट्र दे दिया। विसेन के पुत्र सिन्धुवर्मा, सिन्धुदीप, श्रीपति हुआ। इसने पुलिन्द और यवनों को जीतकर अपना देश बसाया। इसका पुत्र मुजवर्मा हुआ। इसने भीलों और शवनों को जीतकर भुजसाम देश का निर्माण किया। इसके वंश में रणवर्मा, चित्रवर्मा, धर्मवर्मा, कृष्णवर्मा हुए। कृष्णवर्मा के पुत्र का नाम उदय था। इसने रम्य उदयपुर बसाया। इसके पुत्र का नाम वाप्यवर्मा था। इसने अनेक प्रकार की बावड़ियों, भवनों और तालाबों की रचना कराई। ये सब निर्माण इसने धर्मार्थ कराए। इसके बाद वहां बलदी नाम का राजा हुआ। यह एक लाख सेना के साथ महामद में वाप्यवर्मा से युद्ध करने आ गया। वाप्यवर्मा ने इन पैशाचिक म्लेच्छों को जीतकर कृष्णोत्सव कराया। इसके यहां गुहिल नाम का पुत्र हुआ।

गुहिल के यहां कालभोज और कालभोज के यहां राष्ट्रपाल उत्पन्न हुआ। जिसने पिता के राज्य को त्यागकर वैष्णवी शक्ति शारदा की आराधना की। यहां राजा ने निवास करते हुए दस वर्ष बाद राज्यपद उत्पन्न हुए। प्रजय ने बारह वर्ष पर्यन्त शारदा की अर्चना करके उन्हें प्रसन्न किया और अपने लिए एक नये नगर की रचना का वरदान मांगा। देवी शारदा ने उस राजा को एक शुभ अश्व दिया और अपना वाद्य वादन करती हुई दक्षिण दिशा में आ गई। राजा उनका अनुगमन करते हुए दक्षिण दिशा में आ गया। इसके बाद पश्चिम दिशा और पूर्व में दिशा में आ गया। यहां पक्षियों का राज्य था। जिससे भयभीत होकर राजा ने आंखें मींच लीं। आंखें खोलने पर उसने अपने सामने एक सुन्दर नगर देखा। जिसके उत्तर में गंगा, दक्षिण में पाण्डुरा, पश्चिम में ईश नदी और पूर्व

में मरकड़ पक्षी था। वह ग्राम इस प्रकार तिरछा झुका हुआ था, इसलिए इसका नाम कन्या के निमित्त कुब्ज होने के कारण कान्यकुब्ज कहलाया। उस जयपाल ने दस वर्ष बाद अपने पद को संभाला था। जिसके यहां वेणुक नाम का पुत्र हुआ। वेणुक का विवाह मनोहर देवी दत्ता कन्यावती के साथ सम्पन्न हुआ। जिससे दीप्तवान पुत्र हुआ, सात कन्याओं ने जन्म लिया, ये शीतला, पार्वती, कन्या पुष्पवती, करोवर्द्धिनी, सिदूरा और कांली के नाम से जानी गईं।

राजा वेणु ने वीरवती से यशोनिग्रह नाम वाला पुत्र उत्पन्न किया। इसने बीस वर्ष तक कुशलपूर्वक पृथ्वी पर राज्य किया। उसके यहां महीचन्द्र नाम का पुत्र जन्मा। इसके यहां चन्द्रदेव ने जन्म लिया। चन्द्रदेव के यहां मन्दपाल ने जन्म लिया। इसने पिता के आधे राज्य पर शासन किया। इसके यहां कुम्भपाल ने जन्म लिया। कुम्भपाल ने बलि को प्रसन्न कर बहुत-सा धन ऐश्वर्य प्राप्त किया। इसके पुत्र देवपाल का विवाह चन्द्रकांति के साथ हुआ था। फिर श्रीमान वैश्व पाल का वंश समाप्त हो गया। विष्वक सेन के वंश में, विसेन कुल जन्मा विसेन क्षत्रिय कहलाए। गुहिल कुल जन्मा गोहिल कहलाए। राष्ट्रपाल के वंशज राष्ट्रपाल कहलाए। इस प्रकार शुक्ल वंश में धुरन्धर लक्षण की मृत्यु के पश्चात् यह कुल डूब गया और आगे वर्णसंकर संततियां जन्मीं। म्लेच्छों के प्रभाव से वे दूषित कर्मा हो गए।

राजा परिहार के वंश में होने वाले, राजाओं का वृत्त सुनाते हुए सूत जी ने बताया कि अथर्ववेद में परायण राजा परिहार ने बौद्धों पर विजय प्राप्त कर ली थी। इस प्रकार सर्वशक्ति में ध्यान-मग्न होकर परिहर प्रेम में परायण हो गया। देवी ने प्रसन्न होकर उसे वरदान दिया। उसने चित्रकूट पर्वत पर डेढ़ योजन क्षेत्र में कलि निर्जर प्रदेश बसाया। इसीलिए आज इसका नाम कलिंजर पड़ गया। इसके यहां जोरवर्मा ने जन्म लिया। इसके वंश में सुपर्ण वर्मा, रूपण, काम वर्मा, शंक हुए। शंक ने महालक्ष्मी की आराधना करके भोग तथा भोगवती को जन्म दिया। भोगवती को विक्रम को सौंप दिया तथा राज्य भोगवर्मा को सौंप दिया। इसके वंश में कलिवर्मा, कौशिक, कात्यायन, हेमवत, शिववर्मा, भववर्मा,

रुद्रवर्मा, भोजवर्मा, गववर्मा, सुखसेन बालक, लक्षण, माधव हुए। इसके वंश में आगे केशव, सुरसेन, नारायण, शांति वर्मा, नदी वर्मा, शाङ्गदेव हुए। ये सभी पितृगणों का विकास करते हुए देवकृपा से धर्म परायण रहते हुए राज्य कर्म में प्रवृत्त रहे।

आगे गंगदेव हुआ। इसके वंश में अनंग, बलवान, राजेश्वर, नृसिंह कलि वर्मा, धृति वर्मा, महीपति हुआ। चन्द्रवंशी सभी राजा कुरुक्षेत्र में हत हो गए। महावती नगरी का स्वामी महीपति था। इसके पश्चात् सहोद्दीन द्वारा सुयोधन के कलांश वाले मृत्यु को प्राप्त हो गए। इसके सभी वंशज शार्दूलीय कहलाए। शार्दूल के वंश में बहुधा राजा हुए।

ब्रह्मा के मध्याह्न काल की प्राप्ति होने पर भगवान् के अवतार आदि का वर्णन वृत्त कहा जाता है। अव्यक्त जन्मा ब्रह्मा के मध्याह्न काल के समाप्त होने पर चक्षुषान्तर भी था। उस समय महावायु हुआ। इसके प्रभाव से हेमाद्रि कई बार कम्पायान हुआ। उसके कम्पन से मंड भी नभ से भूतल में प्राप्त हो गया। भूमि प्रकम्पित हो गई। सभी लोकों का विनाश हो गया। सातों द्वीप जल-मग्न हो गए। केवल उत्तर पर्वत लोकालोक शेष रह गया। मन्वंतर का भी लय हो गया। एक हजार वर्ष यही दशा बनी रही। तब भगवान विष्णु ने भव (शिव) और विधि (ब्रह्मा) के साथ नभ में स्थित शिशुभार शुभचक्र धारण किया। सम्पूर्ण ताराओं को ग्रहण करके समस्त ग्रहों को ग्रहीत करके यथाविधि यथायोग्य रीति से स्थापित किया था।

ज्योति चक्र से समस्त भूमि शोषित हुई। दस हजार वर्ष बाद यहां स्थली दिखलाई देने लगी। तब भगवान ब्रह्मा ने अपने मुख से चन्द्रमा को उत्पन्न किया। राजनीति परायण सूर्य का जन्म हुआ। अपने ऊर्ध्वों से वैश्यराज को, नदियों के स्वामी समुद्र को जन्म दिया। अपने पैरों से वैश्यराज को जन्म दिया। ये शूद्र राज कलाओं के अभिज्ञ परमदक्ष नाम और अच्छे कृत्य करने वाले थे। सोम से ब्राह्मण हुए, सूर्य मंडल से वैवस्वत मनु स्वयं उत्पन्न हुए। यह समस्त उनका राज्य हुआ। जो लोक बीसियों प्राणियों का था। विष्णु विश्व रूपावतार हुए। इसमें पूर्वार्द्ध में

विष्णु उत्पन्न हुई और परार्द्ध से स्वयं वामन हुए। सतयुग में सनातन बालक रूप हुए।

इस समय मनुष्य की परम आयु सौ वर्ष थी। त्रेता में आयु तीन सौ, द्वापर में दो सौ तब तथा अब कलयुग में सौ वर्ष रह गई। सतयुग में हरि हंस नाम वाले स्वयं भगवान श्वेत रूप वाले थे। त्रेता में रक्त रूप वाले यज्ञ नाम वाले हुए। द्वापर में पीतवर्ण वाले स्वयं हरि स्वर्ण गर्भयुक्त थे। कलिकाल के समाप्त होने पर द्वापर युग की संध्या पर विष्णु की समस्त कलां तथा वामन की कला समस्त देवकी में एकीभूत हो गई। उस समय भगवान विष्णु ने जन्म लिया। ब्रह्मदेव के रम्य गृह में मथुरा नगरी में ब्रह्मादि सभी देव एकत्रित हुए। इन सबने सनातन ब्रह्म की स्तुति की। प्रसन्न भगवान ने देवों से कहा, देवों का हित सम्पादन के लिए, दैत्यों का विनाश करने के लिए हे सुरश्रेष्ठों! मैं बहुधा कलयुग में होता हूं। वृदावन परम दिव्य रम्य एवं सूक्ष्म है, भूमण्डल में संस्थित है, यहां मैं कलयुग में रहस्य क्रीड़ा करूंगा। समस्त वेद इस घोर कलयुग में सब ओर से गोप-गोपियां के स्वरूप में होकर मेरे साथ वहां रमण करेंगे तथा समस्त भू-मंडल का त्याग कर देंगे। तब राधा के द्वारा प्रार्थित होने पर सारी क्रीड़ा समाप्त करके फिर कल्कि हो जाऊंगा।

युगान्तर का प्रलय करके फिर शरीर धारण कर हे देवो! सत्य प्राप्त होने पर मैं सत्य धर्म करूंगा। ऐसा सुनकर सभी देवगण अन्तर्हित हो गए। इस प्रकार से यह तथ्य स्पष्ट हो गया कि युग-युग में अद्भुत कर्म वाले हरि क्रीड़ा करते हैं। विष्णु के भक्त ही विश्वन को जानते हैं। अतः हे विप्र! भगवान् विष्णु की इच्छा के अनुरूप ही सनातनी विष्णु माया ने अनेक लोकों की रचना की और वह स्वयं महाकाली हो गई। चर और अचर जगत में कालमय लीला करके उसका भक्षण करके वह महागौरी हो जाएगी। हे विष्णु माया! महाकाली को नमस्कार है। हे महागौरी आप मेरी रक्षा करें, ऐसा कहकर देवी सभी कष्टों को हरकर सुख प्रदान करती है।

आगे चैतन्य भगवान्, भगवान् शंकराचार्य की उत्पत्ति का वृत्तान्त

सुनाते हुए भगवान् जीव (बृहस्पति) ने बहुत पहले कहा, परम वेदों का ज्ञाता विष्णु शर्मा नाम का एक ब्राह्मण हुआ था। भगवान् विष्णु का वह परम भक्त था। इसलिए हरि पूजन के कारण वह देवों में भी पूजनीय माना जाने लगा। वह भिक्षा वृत्ति पर जीवित था। उसकी पत्नी भी थी, किन्तु कोई समातन नहीं थी। उनके घर में एक बार एक व्रती आया। उस व्रती ने ब्राह्मण पत्नी को अत्यन्त दरिद्र तथा दुखी देखा। ऐसा जानकर एक स्पर्शमणि देकर उस व्रती ने ब्राह्मण की पत्नी से कहा, हे महासाध्वी! इसे अपने पास तीन दिन तक रखो। मैं सरयू में स्नान करने जा रहा हूं। यह कहकर वह व्रती चला गया। वह तब तक उस मणि से बहुत-सा सुवर्ण बना चुकी थी, तभी विष्णु शर्मा आ गया तथा पत्नी को सुवर्णमयी देखा तो कुपित होकर कहा–

हे महाधूर्णे! तू वहीं चली जा, जहां अन्य रसिक हैं। मैं विष्णु परायण हूं तथा चोरी से भयभीत हूं। तुम सुवर्ण लोभी का निर्वाह मैं ब्राह्मण कैसे बन पाएगा। तभी उस पति-भक्ति नारी से समस्त सुवर्ण तथा मणि अपने पति का सौंप दिए तथा उसी की सेवा में लीन हो गई। ब्राह्मण ने वह द्रव्य घाघरा के बीच डाल दिया। तीन दिन पश्चात् वह व्रती लौटकर आया तो ब्राह्मणी से बोला, क्या तूने सुवर्ण बनाया है? मेरा पति शुद्ध है, उसने तुम्हारी मणि को घाघरा में फेंक दिया है, तब से मैं वह्निपाकिनी हूं। यह सुनकर यति विस्मय से अन्वित वहीं रुक गया। प्रातः होने पर उस यति ने ब्राह्मण को बहुत फटकारा और कहा, आप दरिद्र और भिक्षुक हैं, आपको देव के द्वारा वैभव प्राप्त हो गया है, आप मुझे वह मणि लौटा दें अन्यथा मैं प्राण त्याग दूंगा। तब ब्राह्मण विष्णु शर्मा ने यति को कहा कि वह मैं घाघरा में फेंक चुका हूं, वहां जाकर उसे ग्रहण कर लीजिए, वह सुरक्षित है। विष्णु शर्मा ने यति के साथ जाकर बहुत से कांटों को उठाकर यति को कांटे और स्वर्णमणि के समान कार्य करने वाले दिखा दिए।

तब यह यति विनम्र होकर विष्णु से बोला, मैंने तो बारह वर्ष शिव की सेवा-अराधना की थी, बहुत भली प्रकार शिव को समानराधित किया

था, तब यह उत्तम रत्न पाया था और आपके दर्शन से ही बहुत-सी स्पर्श मणियां मुझे प्राप्त हो गई हैं। हे द्विज! मैंने शुभ ज्ञान तथा मोक्ष प्राप्त कर लिया है। एक हजार वर्ष तक वह विष्णु शर्मा ब्राह्मण इस जगत में वास करके सूर्य की अराधना करके अन्त में मोक्ष को प्राप्त हुआ था। ऐसा कहते हुए भगवान् जीव द्वारा बताए गए वृत्तान्त को सुनाते हुए सूत ने कहा कि बृहस्पति देव ने शचीपति इन्द्र से कहा, कि हे देव! तुम भी फाल्गुन में उस सूर्य देव की अराधना करके सुखी हो सकते हो।

ऐसा सुनकर स्वयं इन्द्र ने हरि का ध्यान कर अनेक प्रकार पूजनों के द्वारा देव दैव का यजन किया। तब भगवान् प्रसन्न होकर सूर्य मंडल से उत्पन्न हुए थे। उसकी चार भुजाएं थीं। अंग रक्तवर्णी थे, यक्ष के समान थे और इस प्रकार तेज से अपने शरीर में अन्तर्लीन करके वहां द्विज अयोनि होकर स्थित हुआ और इस प्रकार से वह शची देवी के साथ मिथुनीभूत वैष्णवी अग्नि से प्रपीड़ित गंगा के तट पर महावन में एक वर्ष तक रमण करते रहे। उस द्विज रूपधारिणी शची गर्भवती हो गई।

निश्चित अवधि पूर्ण होने पर भाद्र मास के शुक्ल पक्ष में गुरुवार के दिन द्वादशी तिथि में ब्राह्म मंडल में विष्णु भगवान् स्वयं हरि समस्त कलाओं को धारण करके प्रादुर्भत हुए। ये चार भुजाएं, रक्तवर्णी अंग, रविप्रभा से युक्त थे। इस समय रुद्र, वसुगण, विश्वेदेवा, मरुद्गण, साध्यभास्कर और सिद्ध आदि से सनातन देव का स्तवन किया। कुलिशध्वज-पद्म-गदा और अंकुश की आभा वाले तथा महान् आभरण से युक्त चरण जो शम्भु तथा ब्रह्मा से पूजित हैं, मुनियों द्वारा सेवित हैं, संसार का भय हरण करने वाले सदा खलों का नाश करते हुए दुष्टों का दलन करें, जन को सुख प्रदान करें। ये शचीनन्दन रूप में जन्मे सर्वान्तर्मामी श्री हरि जिन्होंने हंसावतार धारण करके सत्य का प्रतिपालन किया, यज्ञ रूपवेद् प्रकृष्ट रक्षा करने योग्य हैं। उन्हीं को धारण करने वाले इन्द्र के कल्याण में प्रवृत्त शचीनन्दन हैं। इस कलयुग में करुणा सागर के रूप में अवतीर्ण हरि का अवतार भक्ति श्री को देने वाला है।

अत: दैत्यों से उत्पन्न आधि को दूर करें। देव शत्रुओं से यह हरिण

अत्यन्त पीड़ित है। आपके नाम से ही देवताओं के शत्रु विद्दलित हो गए हैं। पीड़ित होकर ये म्लेच्छ पाताल-गमन कर गए हैं। धर्म और सुरेश में व्याप्त हे हरि आपको प्रणाम करते हैं। इस प्रकार कहते हुए सूत ने बताया कि यज्ञेश पुरुष की स्तुति करके सभी देवगण देवगुरु बृहस्पति से आकर यह जानने की जिज्ञासा प्रकट करते हैं कि पृथ्वी पर ये सभी किस रूप में जन्म लेंगे? यह विवरण देते हुए देवगुरु बृहस्पति ने उन्हें बताया कि पहले समय में एक अधम द्विज मृगव्याघ था, वह नित्य ही धनुष-बाण लेकर अनेक विप्रों की हिंसा किया करता था। यहां तक कि द्विजों का हनन करके उनका यज्ञोपवीत लेकर हेल से दुष्टता करता था तथा निन्दा किया करता था।

ब्राह्मण का धन सर्वोत्तम सुधा के समान होता है, क्षत्रिय का धन मधुर होता हैं, वैश्य का अन्न के समान तथा शूद्र का धन रुधिर के समान होता है। यह जानकर वह द्विजों में अधम तीन वर्ण वालों को ही मारता था। वह खल ब्राह्मणों को बहुत अधिक मारता था। इस प्रकार उसके इन कर्मों से सभी देवगण भयभीत हो गए। वे परमेष्ठी के पास जाकर इस कथा को सुनाकर त्राण के लिए सुहार करने लगे। यह जानकर ब्रह्म को बहुत दुःख हुआ। उन्होंने सप्तर्षियों से लोक में जाने लिए कहा। वहां पहुंचा देखकर मृगव्याघ ने उन्हें ललकारकर कहा, कि मैं तुम्हें अवश्य मारूंगा।

इस पर ऋषिगण ने कहा, तू हमें किसलिए मारेगा? क्या अपने कुल के लिए या आत्मा के लिए? आप धन से युक्त हैं, मैं आपको कुल तथा आत्मा के लिए मारूंगा। मैं इसके लिए केवल ब्राह्मणों को ही मारता हूं। इस पर ऋषियों ने उससे पूछा, तुम्हारे द्वारा किए गए पाप का भागी कौन होगा? यह कभी सोचा है? यह कम-से-कम अपने परिवार वालों से पूछ लो। क्या वे तुम्हारे पाप का भागी होने को तैयार हैं? यह सुनकर व्याघ अपने घर गया और पत्नी, बच्चों आदि से कहा, धन अर्जित करने के लिए मैं पाप करता हूं, जिस प्रकार आप मेरा अर्जित धन स्वीकार करते हैं, क्या मेरे पाप में भी साझीदार होंगे?

यह सुनकर घर के प्राणियों ने कहा, हमारा पालन करना तुम्हारा दायित्व है, वह चाहे पुण्य कर्म से करो या पापकर्म से। हम पालन चाहते हैं, पाप के भागी हम क्यों बनेंगे? यह सुनकर व्याघ की अन्तर्दृष्टि जाग गई, उसने आत्म स्वीकार करते हुए मुनियों से कहा, हे देव मूर्तियों! यह पृथ्वी साक्षी है, यह ज्योतिष्मान सूर्य साक्षी है, कि मैंने यह सब पापकर्म अपने परिवार का भरण-पोषण के लिए किया है वे सभी मेरे धन के ग्राहक हैं, पाप में सम्मिलित नहीं, अब कृपया मुझे उससे मुक्ति बताइए। मुनियों ने उस नराधम को केवल राम का नाम ही मुक्ति-पूजा सूत्र दिया। यही तेरे पाप का नाश करेगा। उस अविज्ञ व्याध ने राम-राम के स्थान पर मरा-मरा का जाप किया।

इस जप का प्रभाव यह हुआ कि वह वन कमलों से संकुल हो गया। इसका नाम उत्पलारण्य हो गया। कुछ समय पश्चात् वे सातों ऋषि उस निराकृत वाल्मीकी के पास गए। वह परम शुद्ध हो गया था। विस्मय से भरे उन महात्माओं ने उससे कहा, तू वाल्मीकी से निकला है, इसलिए तेरा नाम वाल्मीकि हो गया है। यही नाम तेरा अब प्रचलित होगा। वे मुनि अपने लोक को लौट गए। उस प्रबोधित मुनि ने अठारह कल्प युक्त शत कोटि प्रकृष्ट विस्तार वाली रामायण की रचना की। यह निर्मल पद रचना वाली कृति पद्म से थी। पापों का नाश करने वाली थी। वह मुनि वहां शिव होकर वास करने लगा। आज भी वह सनातन मृग-व्याध स्वामी संस्थित है।

इस प्रकार कहते हुए सूतजी ने हरि भगवान् को प्रिय लगने वाला उत्तम चरित्र का श्रवण करने का उपदेश देते हुए कहा कि आद्य शुभ सतयुग में वैवस्वत मनु का अंतर प्राप्त हो जाने पर ब्रह्मा जी ने आकर उसे उत्पलारण्य में यज्ञ किया। तब सरस्वती देवी ने नदी का रूप धारण कर वहां पदार्पण किया। उनके दर्शन ने ब्रह्मा जी ने अपने मुख से शुभ ब्राह्मण की, बाहुओं से क्षत्रियों को, उरुओं से उत्तम वैश्य को तथा पैरों से शुद्र को जन्म दिया। द्विजराज सोम चन्द्रमा नाम से द्विज था। लोकों के सर्वा तप सूर्य जो कश्यप वीर्य की रक्षा करते हैं। ये द्वितीय कश्यप हैं और

मरीचि फिर उसके पश्चात् हुए थे। जो रत्नों की खान थे, वह रत्नाकर के नाम से पुकारे गए। द्रव्यों द्वारा लोकों को धारण कराने वाला धर्म है, जिस अत्यन्त गंभीर सरितों का पति जैसा कोश है। जो अपने कृत्यों से लोक-रक्षा करता है वह प्रजापति दक्ष है, जो ब्रह्मा के योग से उत्पन्न हुए वे ब्राह्मण कहलाए। वर्णों के धर्म से वे सब वर्णात्मा क्रम से हुए। प्रजापति दक्ष के मन में उत्पन्न पांच सौ कन्याएं भगवान विष्णु की माया से कलाभूत होकर पृथ्वी पर अवतरित हुईं। चन्द्र के लिए ब्रह्मा ने अश्विनी मंडल सत्ताईस के गण के रूप में लोक वृद्धि के लिए दे दिया।

उस महामुनि ने कश्यप के लिए क्षत्र रूप में तेरह अदिति गण दिये और धर्म के लिए कीर्ति प्रभृति को दिया। वैवस्वत मन्वंतर अनेक प्रकार की सृष्टि का सृजन किया गया। अब सबके पति ब्रह्म की आज्ञा से इस भूमंडल में दक्ष हुए। यज्ञों के करने में तत्पर दक्ष वहां स्वयं वास करते थे। किन्तु भूतों के स्वामी महादेव ने कभी दक्ष को प्रणाम नहीं किया। तब तो दक्ष बहुत क्रुद्ध हो गए थे। उन्होंने यज्ञ में शिव का भाग देना अस्वीकार कर दिया। शिव क्रुद्ध हो गए, उनके गण वीरभद्र, त्रिशिरा, त्रिनेत्र और त्रिपद वहां आ गए। मुनि गण, देव, पितर सब व्यथित हो गए। यज्ञ-पुरुष सभी ओर से भयभीत हो गए। मृग भूत होकर शीघ्र चले गए। व्याघ्र शिव हो गया। इसके द्वारा मृग विभिन्न अंगों वाला हो गया। उस समय भगवान ब्रह्मा ने मधुर स्वरों से स्तवन किया, फिर मृग व्याघ्र संतुष्ट हो गया। उसने यज्ञ को पूर्ण करा दिया। तुला राशि पर सूर्य के स्थित होने पर चन्द्रमा में उस रुद्र को स्थापित कराके ब्रह्मा स्वयं सत्यलोक चले गए, वह रुद्र चन्द्र के रूप वाले हैं।

यह सुनकर वीरभद्र रुद्र ने सन्तुष्ट मन वाले होकर अपने अंश को देह से उत्पन्न करके द्विज के ग्रह में प्रेरित कर दिया। भैरव दत्त विप्र के घर में जाकर यह शिव इस घोर कलयुग में उसका पुत्र हुआ जो शंकर के नाम से प्रसिद्ध है। यह परम गुणी ज्ञाता बालक ब्रह्मचारी हुआ था। इसने शंकर की भाष्य की रचना करके, वेदव्यास के वेदान्त सूत्र ग्रंथ का

शंकर भस्य बनाकर शैव मार्ग चलाया। त्रिपुंड–अक्षमाला और परम शुभ पंचाक्षर 'ॐ नमः शिवाय' मंत्र शैवों का मंगल कराने वाला है। इसकी रचना शंकराचार्य ने की थी।

रामानुज की उत्पति का विवरण वृत्तान्त सुनाते हुए सूत ने कहा कि बृहस्पति देव गुरु ने यह बताया है कि यह सत् और असत् स्वरूप वाला, अदृश्य रूप में, अक्षरमय न चिन्तन योग्य तेज आभा वाला था, न स्थूल था न सूक्ष्म। न शीत था न ऊष्ण, न तत्पर था न आदि, अन्त और मध्य से रहित था। आकारहीन था, यह योगियों के द्वारा ही गम्य, दृश्य, चिन्तनीय था। पर नित्य, भूत शून्य और परात्पर था। एक प्रकृति माया जो रेखा थी, वह उसके नीचे थी। उसी के नीचे एक तपोभूमि थी। ओम ही वह सुलक्षण है, सत् ब्रह्म ही पुनर्भव होता है, कुछ ही काल में इच्छा के उत्पन्न होने से अहंकार का जन्म और उससे उसकी मूत-मात्राएं उद्भूत हो गईं। इसके पांच भूत ज्ञान विज्ञानक हुए। फिर इनमें वह विभु द्वंद्व भूत होकर सगुण हो गया, बुद्धि और जीव समागत हुआ। सगुण-निर्गुण दोनों से सब ग्रहण किया गया। वह चैतन्य हो गया। उस विराट की नाभि से पद्म, पद्म के कुसुम से कमलासन ब्रह्मा–दो भुजा, चार मुख दो चरण वाले आकार में–सात बिलस्त के हुए। तब यह चिन्ता उत्पन्न हुई कि मैं कौन हूं मेरे जनक, जननी कौन है? इसके लिए उन्होंने तप किया।

साक्षात् विष्णु बालक रूप में उनके समक्ष उपस्थित हो गए। बाल हरि को देखकर वे प्रसन्न हो गए। ये ही उनके पिता थे। दोनों के विवाद के अनन्तर रुद्र उत्पन्न हो गए, ये कैलाश पर वास करने चले गए। तारकासुर को ब्रह्मा से भववीर्य-जन्मा ही मृत्यु कारण होने पर आशीष प्राप्त हुआ। इस पर इस अभिमानी ने इन्द्र पर ही विजय पा ली। देवों ने शिव से पुत्र उत्पन्न करने का निवेदन किया। पार्वती ने उन्हें पति रूप से वरण करने के लिए घोर तप किया। शिव ने रूप से पिता हिमवान को समझाकर यह विवाह सम्पन्न कराया। यह देवी उमा, लक्ष्मी रूपा, कात्यायनी, गौरी भवानी, कालका हेमवती, दुर्गा आदि नामों से

जानी जाती है। कैलाश पर आकर दोनों ने लम्बे समय तक सुखोपभाग किया।

इसी बीच अन्य लोग नाश के भय से ब्रह्मा को साथ लेकर शंकर की स्तुति करने लगे। उस समय अपने प्रेम-प्रसंगों में व्यवधान देखकर वे लज्जित हुए और उन दोनों का महान् क्रोध देखकर पलायन कर गए। प्रद्युम्न बहुत बलवान था। अचल गौ की तरह वहीं खड़ा रह गया लेकिन शिव की अग्नि को न सह सका और भस्म हो गया। अपने सूक्ष्म रूप में यही अनंग कहलाया। उसके इस प्रकार शरीर छोड़ने के वैधव्य को प्राप्त उसकी पत्नी रति ने 100 वर्ष तक शंकर की आराधना की और उन्होंने प्रसन्न करके यह वरदान पाया कि यौवन अवस्था होने पर नर की देह द्वारा तुम अपने पति का सेवन करोगी। द्वापर में भगवान् कृष्ण इस भू-मंडल में जन्म लेंगे। उनके पुत्र प्रद्युम्न को मेरु शिखर पर सेवन कराओगी। ऐसा वरदान पाकर पति अपने लोक को लौट गई और भव ने साक्षात् अपने मुख से अपने उत्तम रूप को उत्पन्न करके विष्णु शर्मा से जन्म लिया। इसका नाम रामानुज हुआ। एक बार राम शर्मा तीर्थयात्रा करते हुए काशी पहुंचे। वहां अपने मित्र हरि प्रिय को शंकर से शास्त्रार्थ में हारा हुआ देखकर भगवान शंकराचार्य से स्वयं शास्त्रार्थ किया। इन्होंने यह सिद्ध किया कि वासुदेव ही साक्षात् हरि हैं और सनातन हैं तथा शिव के परम पूज्य भी। भगवान शंकर इससे बहुत लज्जित हुए। इसके बाद शंकराचार्य ने एक लाख शिव-सूत्रों के द्वारा शिव का वर्णन किया। रामानुज ने अपने भाष्य में हरि का वर्णन किया। वैयाकरणों का देवता गिरीश गोविन्द नहीं हो सकते, रुद्र कभी गोपाल नहीं हो सकते क्योंकि वे गौ पालन करने वाले नहीं हैं, बल्कि वे गौ पर आरूढ़ होते हैं अतः गवारूढ़ कहलाए। शम्भु को पशुपति कहा जाता है, गोपति नहीं। ऐसे अकाट्य तर्कों से शंकराचार्य पराजित हो गए। इन्होंने मीमांसा शास्त्र में वाद का आरम्भ कर दिया।

इस दिन शास्त्रार्थ के बाद सभी यज्ञप्रिय पुरुषों ने रामानुज का समर्थन किया। आचार के प्रभाव से धर्म यज्ञ के देव के द्वारा ही निर्मित

है। यह धर्म ही कर्म के लिए विश्व पालन के लिए योग्य है। यह कर्म ही ब्रह्मोद्भव होता है। ब्रह्मा अक्षर समुद्भव होता है, यह साक्षात् शिव है, शब्द ब्रह्मा में संस्थित है, पुराण यज्ञ भूतल में अक्षर कर जानना चाहिए। वह सनातन परमात्मा अक्षर से श्रेष्ठ है।

इस प्रकार स्पर्धातुर शिव ने प्रपौत्र की वृद्धि को देखकर दिव्य बाणों से तृप्त किया। समर्थ यज्ञ पुरुष, गुरुमय शिव को जानकर महान् धर्म परायण हो गया था तब शंकराचार्य ने कहा जो भयभीत होता है वही भव जाने के योग्य होता है। संसार का भरण-पोषण करने के लिए कारण कर्त्ता भग, हरण करने वाला हर कहलाता है।

यह रुद्र पापों का रावण करता है। शिव स्वयं कर्त्ता, हर्त्ता-भर्त्ता है। शिव ने विष्णु मही को प्राप्त किया, विष्णु से पद्मभू मही को। यह सुनकर रामानुज ने कहा, शम्भु धन्य है, राम का नाम पर, नित्य है। शम्भु उस हरि की सदा जय किया करते हैं। अनन्त सृष्टि–हरि के तेज से ही उद्भुत हैं। वह तेज ही प्रभु का धाम है, सच्चिदानन्द विग्रह वाले है। योगशास्त्र में भी कृष्ण को परम देव कहा गया है, ये कालात्मा योगेश और योग में तत्पर हैं। कपि वीर्य की रक्षा करता है, जो कपि को लाता हैं वह कपिल है, कपि इन्द्र तथा कपिल भगवान् विष्णु है। इस प्रकार रामानुज ने भगवान् शंकराचार्य को प्रबोधित करके विष्णु की महत्ता स्थापित की।

आगे कृष्ण चैतन्य का चरित्र वर्णन करते हुए सूत ने बताया कि भट्टोजी शुद्ध आत्मा वाला तथा शिव भक्ति में परायण था एक बार महाप्रभु कृष्ण चैतन्य की शरण में जाकर बोला कि महादेव शरीरधारियों के आत्मा तथा गुरु हैं। उनके पास ब्रह्मा तथा विष्णु दोनों ही उपस्थित हैं। फिर इनकी पूजा से क्या लाभ? यह सुनकर चैतन्य प्रभु ने हंसकर कहा, यह महेश्वर शरीरधारियों के लिए जो कुछ भी करता है, बिना विष्णु के नहीं। यह तो केवल संहारक है, एक ही मूर्ति ब्रह्मा, विष्णु महेश–तीनों रूपों में पाई जाती है, ब्रह्मा मोक्ष प्रदाता हैं, यह शक्ति के द्वारा मोक्ष देते हैं, विष्णु वैष्णवी शक्ति द्वारा मोक्ष प्रदान करते हैं, शक्ति

सदा श्रम से ही, यज्ञयुक् तथा पितृ देवों का अनुगमन करने वाला होता है, जो वानप्रस्थ आश्रम में रहने वाला है, वह वैष्णव कन्दमूल का उपभोक्ता होता है।

सन्यस्त सदा रौद्र होता है, निर्गुण तथा शुद्ध विग्रह वाला होता है। उनका ब्रह्मचर्य आश्रम अनुगमन करने वाला होता है। गुरु के वचन सुनकर यह द्विज शिष्य हो गया था। उसने वेदों में तीसरे अंग पाणिनी कृत व्याकरण की व्यवस्था की। उनकी आज्ञा से ही भट्टोजी ने सिद्धांत कौमुदी की रचना की। यह रचना उसने वहीं रहकर की। वराह मिहिर सूर्य देव की उपासना में लीन रहता था। जब यज्ञांश बाईस वर्ष की आयु वाला हो गया तब उनके पास जाकर बोला, आप सूर्य भगवान् हैं, तीनों देव आपसे ही उद्‌भुत हैं, प्रातःकाल में ब्रह्म, मध्याह्न में विष्णु तथा सायंकाल में शिव उत्पन्न हुए, इसलिए सूर्य देव की पूजा ही श्रेष्ठ है। ब्रह्मा, विष्णु, महेश की पूजा का फल बताते हुए महाप्रभु चैतन्य ने कहा यह प्रकृति परा तथा अपरा दो प्रकार की है। पराप्रकृति–नाममात्रा पुष्पमात्रा, तन्त्रमात्रा, शब्दमात्रा, स्पर्शमात्रा, रूपमात्रा, रसमात्रा, गंधमात्रा, के रूप में आठ प्रकार की है। अपरा प्रकृति में जीव भूता, नित्य शुद्धा, जगन्मयी, भूमि, जल, तेज, वायु, आकाश, मन बुद्धि, अंहकार, ये आठ देव गण हैं। सोम का स्वामी रुद्र, रवि के ब्रह्म, शेष के स्वामी साक्षात् हरि हैं, उनको बार-बार प्रणाम है।

इस प्रकार प्रबोधित होकर वराह मिहिर वेदों के चतुर्थ अंग ज्योतिष शास्त्र, वराह संहिता तथा वृहज्जातक और ऐसे ही अन्य ग्रंथों की रचना करता हुआ वहीं वास करने लगा। इसी प्रकार महाप्रभु चैतन्य के एक शिष्य वाणी भूषण ने विष्णु माया से निर्मित गोलोक का वृत्त सुनकर वेदांग रूप छन्द ग्रन्थ की रचना की। धन्वन्तरि ने प्रकृति देवी की सनातनी शक्ति को पहचान कर कल्प वेद की रचना की। जयदेव ने वेद को ही उत्तम तथा नरों के द्वारा पूजनीय मानते हुए वेद से काल, काल से कर्म और कर्म से धर्म की उत्पत्ति को स्वीकार किया। चैतन्य प्रभु ने इसके पश्चात् पुंड्र देशवासी जगन्नाथ के पास जाने का उपक्रम किया। यज्ञांश

ने उन्हें देखकर प्रणाम किया और कहा कि इस भयानक कलयुग के आने पर आपका क्या विचार है? यह सब वचन सुनकर जगन्नाथ हरि स्वयं परम रम्य वाले बोले कि मिस्र देश में उत्पन्न होने वाले म्लेच्छ कश्यप ने शासित कर दिए थे। शूद्र वर्ण में संस्कृत होकर वे ब्रह्मचर्य को प्राप्त हुए। अब शिखा और सूत धारण करके वेद अध्ययन करते हैं। भगवान इन्द्र श्वेत रूप में आ गए तथा स्तुति के द्वारा मुझे इसका ज्ञान कराया कि दैत्य बलि कलयुग के पक्ष में आ गया है और वे तेजहीन हो रहे हैं। अपनी रक्षा के प्रति इन्द्र की याचना सुनकर स्वयं हरि ने उनसे कहा कि वे बारह आदित्य भूतल में चले जाएं और मैं लोकहित के लिए कलयुग में जन्म ग्रहण करूंगा। इन देवों ने कीकट देश में जन्म लेकर वेद की निन्दा करते हुए बौद्ध शास्त्रों की रचना की, जिसके प्रभाव से वे कुष्टि हो गए। उन्होंने बौद्ध रूपी विष्णु देव की स्तुति की, तब हरि ने योग के बल से उनको बौद्ध बना दिया। वे स्वयं सिन्धु के किनारे उत्पन्न हुए। यहां यज्ञांश के प्रसाद की महिमा मोक्ष प्रदान करने वाली हुई। कोई भी वर्ण अथवा वेद का धर्म नहीं रहा और इस कलि समय में हरि का दर्शन करके ही नर शुद्ध हो जाया करते थे।

एक बार बलि ने रोषण नाम के दैत्यराज को बुलाकर कहा, तिमिरलिंग (तैमूरलंग) का पुत्र सरुष नाम वाला प्रसिद्ध है। वहां जाकर रोषण ने वेदमार्गी भक्तों का नाश करके पांच वर्ष राज्य किया। इसके पौत्र का नाम अकबर हुआ। पूर्वजन्म में देवापि नाम का विप्र इस काल में बीरबल नाम से उत्पन्न हुआ। इसी प्रकार विल्वमंगल मदन और चन्दन आदि ने जन्म लिया। तुलसी शर्मा रामानन्द का शिष्य हो गया और श्री पति अन्धा हो गया। यह सूरदास के नाम से जाना गया। इसने कृष्णलीला के पदों की रचना की।

राजा अकबर ने पचास वर्ष निष्कंटक राज्य किया। इसके यहां सलोमा खुर्दक, नवरंग हुआ। यह नवरंग औरंगजेब के नाम से प्रसिद्ध हुआ और पूर्वजन्म में यह अन्धक नाम का दैत्य था। इसने अत्याचार करके अनेक देवमूर्त्तियों का खंडन किया। इस पर देवों ने कृष्ण चैतन्य

के पास जाकर उनसे रक्षा की प्रार्थना की। यज्ञांश ने यह सुनकर उस दुराचारी के वंश के क्षय का शाप दे दिया। महाराष्ट्र द्विज ने इस दुराचारी का हनन किया और इस प्रकार तालन कुल में बलवान ने मुगल कुल का अन्त करके दस वर्ष तक राज्य किया। यज्ञांश साक्षात् हरि ने महीतल में फैले दुःख को देखकर देवों से कहा कि पूर्वकाल में राघव रामचन्द्र ने रावण को जीता था और मृत जानवरों को अमृत वर्षा से जीवित कर दिया था। उन्होंने राम से वांछित वरदान पा लिया था। आगे चलकर कलयुग में विक्रम को अठारह सौ चालीस वर्ष हुए, तब यह राजा हुआ। इस वंश में सात गुरुण्ड राजा हुए। गुरुण्ड के आठवें राजा होने पर न्याय शासन देते हुए कलि के पक्ष वाले बलि दैत्य ने सुर-असुर को देवलोक में भेजा। कृष्णांश ने जब यह सुना तो उन्होंने बौद्ध मार्ग के अनुयायी गुरुण्डों को वंश नाश का शाप दे दिया। नवें गुरुण्ड भेकल ने न्यायपूर्वक बारह वर्ष तक राज्य किया और इसके बाद लाडेल गद्दी पर बैठा। इस प्रकार ये लाखों बौद्ध मार्गी अनुयायी दिल्ली में जा बसे। इनका राजा आर्णिक हुआ। इसे पुत्र देवकर्ण ने बारह वर्ष तपस्या करके गंगा को प्रसन्न किया, जिसके फलस्वरूप चालीस वर्ष तक राज्य उपभोग किया।

विक्रम राजा के बाईस सौ चौंसठ वर्ष हो जाने पर भूतनन्दन राजा हुआ। इससे कुबेर, यक्ष आदि को डेढ़ लाख घोर कलों के द्वारा जीतकर उन्हें अयुद्धकारी बना दिया और नाग वंशों के साथ किलकिला पुरी पर राज्य किया। उसके राज्य में पुण्डरीक आदि नाग घर-घर में पूजे जाने लगे और महीतल में स्वहा, स्वाधा, वष्ट्कार देव-पूजा होती थी। मेरु के शिखर पर इसका त्याग करके कुबेर ने इन्द्र की आज्ञा से यक्षों के द्वारा षटांग दान दे दिया। भूतनन्दी के मण्डलीक पद को सुशोभित किया, उसके बाद शिशुनन्दी और फिर यशवनन्दी ने राज्य किया। इसका पुत्र प्रवीरक राजा बना। वह एक बार सेना के साथ वाहलोक में आया और वहां पिशाच म्लेच्छों के साथ उसका युद्ध हुआ। इनका राजा बादल महा बलवान था। उसने यशोबलि को बुलाकर अपनी पुत्री के साथ उसका विवाह कर दिया। इससे उत्पन्न पुत्र वाहलोक नाम से प्रसिद्ध हुआ तथा

वह नाग-पूजा में लग्न रहता था।

इसके वंश में तेरह वाहलीक राजा हुए। इन्होंने चार सौ वर्षों तक राज्य किया। सभी मृत्यु को प्राप्त हुए। त्रयोमुख वाहलीक के यहां राज्य शासन करने के समय समस्त पितृगण नागवंशी राजाओं के द्वारा निराकृत और श्राद्ध तर्पण के द्वारा वर्धित होते हैं, इससे सोम और उससे देवगण वर्धित होते हैं। देवों की वृद्धि से लोक से, प्रजापति ब्रह्मा से जन-जन में परम हर्ष होता है। अतः आप हमारी रक्षा करते हुए प्रजा का पालन करें। कृष्ण चैतन्य ने उनसे कहा कि आर्यवंश का वर्धन करने वाला पुष्पमित्र अयोनि था। उसने आठ वर्ष की उम्र में ही योनिभूत अयोमुख पुरस्सरों को जीतकर उन्हें देश-निकाला देकर स्वयं ग्रहण कर लिया। शिवांग से विक्रम नाम का राजा उत्पन्न हुआ। इसने गन्धर्व पक्ष वाले शकों को जीतकर अपनी पूजा कराई। यह पुष्पमित्र के समय में ही हुआ। पुष्यमित्र ने सौ वर्ष तक राज्य किया और अनेक पुरियों का क्षुद्र जातियों ने उद्धार किया। इसी ने अनेक तीर्थ स्थापित कराए।

कलि जो गन्धर्व, देव और पितृगण को दूषित करने वाला था, ब्राह्मण का शरीर धारण करके उसके पास गया और उसे पितृ-पूजा के विरुद्ध कर दिया। इस कारण शीघ्र ही पुष्यमित्र का राज्य लय हो गया। राजा से हीन पचास वर्ष तक यह भूमि क्षुद्र व्यक्तियों द्वारा सताई गई। लोग दरिद्रता को प्राप्त हुए। देवताओं द्वारा भगवान की प्रार्थना करने पर विष्णु ने बताया कि कौशल देश में राक्षसारि नाम का राजा हुआ। मेरी आज्ञा से वह राजा महीतल में होगा। उसने जन-जन में सम्पन्नता का संचार किया। ताम्र, नाग, और बग, उसी प्रकार उत्तम और पवित्र धातु हैं। इस प्रकार पचास वर्ष तक इस भूमि को उसने सुख का उपभोग कराया, तत्पश्चात् वह सूर्यलोक को चला गया। कौशल वंश में होने वाले सभी राजा स्वर्ग को प्राप्त हुए।

इसके पश्चात् वैनर नाम वाला एक विशारद राजा, एक लाख सेना से सज्जित यहां आया और उसने सभी छोटे राजाओं को जीतकर अपने वश में कर लिया।

उत्तर पर्व

एक समय धर्मराज युधिष्ठिर के दर्शन के लिए अनेक गण्यमान्य ऋषि-महर्षि, व्यास जी के साथ पधारे। इन ऋषियों का स्वागत करने के लिए अपने सभी भाइयों के साथ युधिष्ठिर ने स्वयं आकर अर्घ्य, आचमन देते हुए सबको यथास्थान आसन दिया और उनके प्रति आभार प्रकट करते हुए आत्मज्ञान का बोध कराते हुए ऋषि प्रज्ञा के दीप से धर्म की शिक्षा की याचना की। इस पर व्यासजी ने कहा कि आप मेधायुक्त, भीष्म द्वारा प्रबोधित और स्वयं धर्म-ज्ञाता हैं।

आपको सभी कुछ विदित है। कृष्ण स्वयं आपके समीप हैं। यही आपको प्रबोधित करेंगे। ऐसा जानकर कृष्ण ने युधिष्ठिर के पूछने पर कि, ब्रह्माण्ड की उत्पत्ति किस प्रकार और किस हेतु हुई है? कहा, हे अनग! इस समस्त जगत का एक ही उत्पत्ति स्थान है, वही एक और अनेक प्रकार के जल में चन्द्रमा की भांति दिखाई देता है। ये सभी वृत्त अन्य अनेक पुराणों में विस्तार से बताए गए हैं। प्रजापतियों, मन्वन्तरों, देवगणों, लोकों, पर्वतों, नदियों, तीर्थों, देव, गन्धर्व, किन्नरों, मनुष्यों से निर्मित यह जगतसर्ग, प्रतिसर्ग, वंश, मन्वन्तर और वंशानुचरित, पांच पुराणों के लक्षणों के साथ, पांच प्रमाण वाला षटकक्षपुरुष से युक्त है। इसमें अव्यक्त से बुद्धि, से महत्तत्व, से अहंकार और उसकी तन्मात्राएं और देवाधिदेव आदित्य त्रिगुणात्मक रूप में प्रातः मध्याह्न, सायं, ब्रह्मा, विष्णु महेश के रूप में सृष्टि का निर्माण, पालन और संहार करने वाले, परा और अपरा माया से युक्त यह समस्त जगत है।

कर्म का उल्लेख करते हुए कृष्ण ने बताया कि शुभ कर्म से प्राणी देवत्य की प्राप्ति करता है। शुभाशुभ से मनुष्यतत्व और अशुभ कर्म से निम्न योनियों में उत्पन्न होता है। धर्म और अधर्म का निश्चय करने में

श्रुति ही प्रमाण होती है। पापकर्म से पाप और पुण्यकर्म से पुण्य हुआ करता है। ऋतुकाल में जो मुक्त है, वह निर्दोष है।

शुक्र विसर्ग के समय में इन्द्रियों से संयुक्त जीव भृत्य अपने कर्मों से नियोजित होकर योनि में प्रवेश करता है। वहां शुक्र और रक्त मिलकर एक कलिल बनाता है। जो विकास करता हुआ नौ मास में एक बालक के रूप में परिपक्व हो जाता है और नाभि के सूत्र में बंधा विकार करता है। इस स्थिति में उसे अपने पूर्वजन्म और आगामी जन्म में शुभ कर्म का संकल्प ध्यान रहता है। गर्भ की यह स्थिति बहुत कष्टदायी होती है और जब प्रसव होता है, उस समय प्रबल प्रसव वायु के दबाव से पीड़ित होकर यह शरीर से बाहर आ जाता है। स्मृति विनष्ट हो जाती है। लोक में रागयुक्त यह जीव बुद्धि के होने पर भी लोभ के वशीभूत क्लेश पाता है। स्मृति अभाव में महानुभावों के शास्त्रीय कथन उसके दुःख को दूर करने वाले स्वर्ग और मोक्षदायी होते हैं। अन्य अनेक प्रकार के कष्ट, भूख, पीड़ा सहता हुआ व्यक्ति जीवन के बन्धन से बंधा रहता है। यह शरीर व्याधिमय ही जानना चाहिए।

देह की एक सौ एक मृत्यु होती है, उनमें एक काल से होती है और शेष आगन्तुक। आगन्तुक का उपचार औषधियों द्वारा जप, होम और दान से किया जा सकता है, लेकिन कालमृत्यु का कोई उपचार नहीं। मृत्यु भी जीवधारी के लिए बड़ी त्रासदायक होती है। बहुत कम व्यक्ति सौ वर्ष की आयु पाते हैं और आयु व्यक्ति के पूर्वजन्म कर्मों के आधार पर मिलती है। सामान्य रूप से साठ वर्ष परम आयु मानी जाती है।

इसमें भी आधी आयु रात्रिकाल में व्यतीत हो जाती है। जो व्यक्ति सांसारिकता के मोह में जितना अधिक फंसा होता है, मृत्युकाल में उसे उतना ही अधिक कष्ट होता है। संसार का सर्वेश्वर भी अर्थी होने के कारण भगवान विष्णु वामन रूप को प्राप्त हुआ। इससे अधिक लाघव को कौन प्राप्त करेगा। वस्तुतः दूसरे से प्रार्थना नहीं करनी चाहिए। यह प्रार्थना ही लाघव करने का कारण होती है। आदि में दुःख, मध्य में दुःख और अन्त में दारुण दुःख। समस्त प्राणियों का स्वभाव ही दुःखमय जीवन होती है और दुःख से मुक्ति औषध कहलाती है।

काम और अर्थ से तृप्त व्यक्ति भी ऐषणा के कारण पूर्ण तृप्त न रहते हुए दुःखी रहता है। इस प्रकार जीवन जन्म से आरम्भ करके अन्त तक दुःखों से परिपूर्ण है। शुभकर्म करते हुए दान, उपवास और नियम पालन से ही व्यक्ति सुख का भागी हो पाता है।

वाणी, शरीर और चित्त से उत्पन्न होने वाली बहुत से भेदों से विभिन्न शुभ और अशुभ फल के उदय हेतु स्वरूप कर्मों से मनुष्य अनेक प्रकार के देदीप्यमान स्वर्ग और अनेक प्रकार के नरकों को प्राप्त करता है। कृष्ण ने मृत्यु के पश्चात् देहधारी की नियति को स्पष्ट करते हुए बताया कि गर्भ में स्थित उत्पन्न होने वाले सभी स्त्री-पुरुष ओर नपुंसक आदि जन्तुओं को यह जान लेना चाहिए कि उनके शुभ-अशुभ कर्मों का चित्रगुप्त द्वारा विचार किया जाता है। सभी को साक्षी के लिए यमालोक जाना होता है। जहां शुभ कर्म वाले सौम्यचित्त से युक्त प्राणी सौम्य मार्ग द्वारा ही यमराज के घर जाते हैं और इसमें भी अश्व, काष्ठ, पादुका, पुष्प सुगन्धित मार्ग आदि का प्रावधान होता है।

जबकि अशुभ और क्रूर कर्म वाले दुर्गभ मार्ग से यमलोक पहुंचते हैं और छियासी हजार योजन रास्ते को पार करके वे वैवस्तपुर पहुंचते हैं शुभ कर्म करने वालों को यह पूरी बहुत समीप लगती है जबकि अशुभ कर्म करने वालों का यही मार्ग दूभर हो जाता है। ये रेतीले तीखें कांटों से युक्त नुकीले पत्थरों वाला ऊबड़-खाबड़ होता है। तप्त अंगारे भी बिखरे होते हैं, कहीं विषैले सांप होते हैं, कहीं गरम पानी होता है, कहीं भयानक अग्नि। इस प्रकार प्रचण्ड अग्नि वायु के थपेड़े खाते हुए, भूख-प्यास से व्याकुल मृतप्राय होते हुए वहां पहुंचते हैं। यमदूत इन्हें लगभग घसीटते हुए ले जाते हैं। रस्सियों में बांधकर, चाबुक से पीटते हुए, नोक चुभाते हुए, शिश्न और अंडकोषों को चमड़े की रस्सी से बांधकर, गर्दन को हाथ से पकड़कर धक्के देते हुए ले जाते हैं। यहां शुभ कर्म वाले, सौम्य मार्ग से लाये गए नर यमराज द्वारा सम्मानित होते हुए, अर्घ्यपाद से सेवित होकर अप्सराओं के सान्निध्य में, दिव्य विमान पर आरूढ़ होकर, सुखमय रूप में स्वर्ग को जाते हैं, इन्हें यमराज वत्सल पिता

के रूप में दिखाई पड़ते हैं जबकि पापात्माओं को ले भयानक तीक्ष्ण नेत्रों वाले, क्रूर और निर्भय दिखाई पड़ते हैं।

इनके केश पकड़कर खींचे जाते हुए अनेक प्रकार के दुःख पाते हैं। प्रजा का विध्वंस करने वाले, इन दुष्कर्मियों को भयानक और असहनीय यातनाएं भोगनी पड़ती हैं और इसमें कर्म फल भोगने के पश्चात् अन्त में गौ योनि को प्राप्त होते हैं तथा कालान्तर में पुण्य गोचर होने से मनुष्य जीवन प्राप्त करते हैं।

मनुष्य जीवन ही स्वर्ग और मोक्ष प्रदाता है और जो दुर्भाग्यशालीच मनुष्य योनि को प्राप्त करके भी स्वर्ग और मोक्ष का साधन नहीं कर पाता, वह पीड़ा भोगता है। स्वर्ग का मूल मनुष्य जीवन ही होता है, यही समस्त अर्थों के साधन वाला है। इसमें भी विप्र होना अत्यन्त दुर्लभ है और परम पुण्य भारतवर्ष में मनुष्य जीवन प्राप्त करके जिसने अपनी आत्मा का श्रेय किया है, उसने अपनी आत्मा की रक्षा कर ली है।

स्वर्ग में सब प्रकार के सुख उपलब्ध हैं, लेकिन वहां का निवासकाल सीमित होता है। भोग भूमि यह भूमंडल ही है इसीलिए इसे कर्मभूमि कहा गया है। व्यक्ति को चाहिए कि शरीर की स्वस्थता के समय ही उसे धर्म आचरण कर लेना चाहिए क्योंकि मृत्यु का कोई भरोसा नहीं। उसे पुण्य में प्रवृत्त और पाप से विवर्जित होना चाहिए। इसलिए बुध पुरुष को ईश्वर में अपनी भक्ति बनाये हुए भव दोष के विचार से शिव में भक्ति भाव रखना चाहिए।

शंकर व्रत का महात्मय बताते हुए कृष्ण ने कहा कि दुर्लभ मनुष्य जीवन में देहधारी को व्रत और दान में प्रवृत्त रहकर ही परलोक की प्राप्ति करता है, इससे रहित व्यक्ति मोक्ष नहीं प्राप्त कर पाता है। इस विषय में एक रमणीय वृत्तांत सुनाते हुए कृष्ण ने बताया कि अवंतीपुर में एक बार एक ब्राह्मण का एक सिद्ध से संवाद हुआ। यह सिद्ध योग सिद्ध था और निगीर्ण दांतों वाला, लम्बे फटे वस्त्रों वाला, महान् उदर वाला, चिपटे नेत्रों वाला, भयानक आकृति का था तथा उद्भ्रांति की भांति भ्रमण किया करता था। एक बार मूल जालिक नाम से ब्राह्मण ने उसे देखा तो उससे पूछा, आप कौन हैं? स्वर्ग से कब आए? और क्या आपने कहीं रम्भा को देखा

है? यह अप्सरा अपने सौन्दर्य तथा दीप्ति से दिशाओं को शोभित तथा जगमग करने वाली है। चित्त को सम्मोहित करने वाली है। यह देवों की प्रिय सुन्दरी है, आप उसे मेरा समाचार दें कि एक ब्राह्मण आपके बारे में पूछ रहा था। इस पर उस सिद्ध ने ब्राह्मण की ओर आश्चर्य से देखते हुए कहा कि ब्राह्मण ने उसकी कैसे पहचान की कि वह स्वयं से स्पष्ट है, इस पर ब्राह्मण ने कहा कि आपको सर्वांगविरूपता से मैंने पहचान लिया। साक्षात् दुर्लभ्या प्रकृति अनुभूति करने वाली होती है, प्रकृति का जो अन्यथा भाव है, वह मनुष्यों के द्वारा लक्षित हो जाया करता है। विप्र के ऐसे वचन सुनकर वह सिद्ध अदर्शन को प्राप्त हो गया। फिर कुछ दिन बाद वह उस पुरी में आया और विप्र को बताया कि वह अमरावती गया था।

मैंने इन्द्र सभा से लौटती रम्भा से आपका संदेश कह सुनाया। उसने उत्तर दिया कि वह आपको जानती है, विद्या, कला, पौरुष और व्रत से अथवा तप से युक्त तथा प्रवीण पुरुष-स्वर्ग में चिरकाल तक जाता है। यह सुनकर विप्र ने कहा कि वह मुग्धा दग्ध अग्नि से उत्पन्न है, शंकर व्रत से मुझे जानती है। यह सुनकर वह सिद्ध फिर अदृश्य हो गया। उसने रम्भा से विप्र का वह वक्तव्य फिर कह सुनाया तो रम्भा ने बताया मैंने उसे कभी देखा नहीं। उस संकट-व्रती को मैं नहीं जानती। मूल जालों का अपवर्त्तन करने वाला, महाकाल के वन में आश्रय करने वाला, वह कौन है? न मेरी उससे कभी बात हुई, न कभी प्रत्यक्ष सामने देखा, केवल नाम मात्र ही सुनने का सौभाग्य प्राप्त हुआ। ऐसा कहकर वह रमणी पुनः अपने गमनमार्ग की ओर बढ़ गई। रम्भा ने यह सन्देश और ब्राह्मण सन्दर्भ इन्द्र देव को कह सुनाया, तो इन्द्र ने कहा, क्या उस सुव्रत को तुम्हारे पास ले आया जाय? इसके पश्चात् श्रेष्ठ विमान पर सवार कराके वह विप्र देवराज इन्द्र के दरबार में प्रस्तुत कराया गया।

शंकर व्रत का ही यह माहात्म्य है जो एक व्यक्ति मनुष्य योनि में विप्र रूप में जन्म लेकर, पुष्पयान में विराजमान होकर संशरीर इन्द्र लोक का वासी होने का सौभाग्य प्राप्त कर सकता है। इसी व्रत के माहात्म्य से व्यक्ति शिव तथा इन्द्रलोक का निवास सुलभ कर लेता है। इसलिए

मनुष्य को व्रत में पारायण होना चाहिए।

कृष्ण के समक्ष अपनी जिज्ञासा रखते हुए युधिष्ठिर ने कहा कि हे मधुसूदन, ब्रह्मा, ईश, केशव, आदिदेव तथा गौरी और गणपति, दुर्गा, सूर्य, अग्नि और सोमव्रतों का शास्त्रों में वर्णन मिलता है। आप इन्हें कृपया तिथि-क्रम से बताने की कृपा करें। इस पर कृष्ण ने उनसे कहा कि वसन्त ऋतु में प्रतिदिन शुक्ला तिथि को नियमपूर्वक स्नान करके भली-भांति पितरों का तर्पण करके, चन्दन, पुष्प आदि से पूजन, उपचार करके वत्सर की मूर्ति को प्रतिष्ठित करके दीप और नैवेद्य से पूजा करनी चाहिए और हाथ जोड़कर वर्ष के शुभ होने वाला आशीर्वाद मांगना चाहिए। पूजन के पश्चात् ब्राह्मण को दक्षिणा देनी चाहिए। ललाट पट्ट में चन्दन पंकज तिलक लगाना चाहिए और पूर्ण संवत्सर तक व्रत का समाचार करना चाहिए। ऐसे व्यक्ति के समक्ष भूत-प्रेत, पिशाच, अशुभ ग्रह और शुभ सभी परास्त हो जाते हैं।

इसमें एक प्रसंग सुनाते हुए कृष्ण ने बताया कि एक बार महीपाल नाम का राज हुआ। उसने अपनी पत्नी चित्रलेखा के साथ चैत्र मास में इस व्रत को ग्रहण किया और संवत्सर पर्यन्त पूजन करते हुए भगवान जनार्दन का ध्यान कियां। इसके फलस्वरूप वे दम्पती सुखपूर्वक अपना जीवन बिताने लगे। कुछ समय पश्चात् यमराज के सेवक उस राजा के घर पहुंचे। उन्होंने तिलक लगे मुख को देखकर वापिस लौट जाना उचित समझा। तिलक का यह माहात्म्य उस राजा को दीर्घकाल तक पुत्रवान रखते हुए रोग रहित समस्त भोगों की देने वाला सिद्ध हुआ। जो पुरुष इस व्रत का आचरण करता है, वह सुखपूर्वक जीवन बिताते हुए भगवान् पद्मयोनि के पद को प्राप्त करता है।

आश्विन मास के शुक्ल पक्ष में प्रथम दिन में सूर्योदय के समय अशोक की पूजा, धान्यों और मोदकों तथा फल द्वारा पुष्प, धूप, गन्ध, अक्षत के उपचार द्वारा दिन में पूजा करने से व्यक्ति शोक रहित हो जाता है और शोक-शमन की प्रार्थना करने से दमयन्ती, स्वाहा और सती वेदवती के समान ही नारियां पति-बल्लभा हो जाती हैं। अशोक वन में

रावण के अधीन हुए भी मिथिलेश-नन्दिनी सीता ने विधिपूर्वक पूजा करने में सन्नद्ध होती है, विधिवत उपचार करती है, ब्राह्मण को दक्षिणा देकर तुष्ट करती है, वह पृथ्वी पर पति से प्राप्त होने वाला अतुल सुख पाकर अन्त में गौरी के पद को प्राप्त होती है।

देवताओं और राक्षसों तथा ऋषि-मुनियों के लिए भी अत्यन्त दुर्लभ वृहद् तप व्रत के महात्म्य का वर्णन करते हुए कृष्ण ने बताया कि आश्विन मास के अन्त पर्व में घी से सयुंक्त खीर रात्रि में खानी चाहिए। शुद्ध आत्मा वाले को वैक्षवान्वित ओदन का भोजन करना चाहिए। आचमन कर और परम तुष्ट होकर, बेल-वृक्ष की दातुन चबाकर यह कहते हुए महादेव का स्मरण करना चाहिए कि हे देव! मैं आपकी आज्ञा से इस व्रत को करना चाहता हूं, आप ऐसी कृपा करें कि मैं इसका पूरी तरह निर्वाह करूं।

इस प्रकार नियम करके सोलह वर्ष तक पहली प्रतिपदा तिथियों को भजन और व्रत करना चाहिए। इसके अनन्तर मार्गशीर्ष मास में प्रतिपदा में दूसरे दिन गुरु द्वारा उपवास के विषय में जानकर बार-बार महादेव का स्मरण करें। इस अनुष्ठान को पूरा करने वाला सपत्नीक व्रत रखने वाला और एक ही विप्र को आमंत्रित कर तुष्ट करने वाला व्यक्ति निश्चय ही परम पद का अधिकारी होता है।

द्वितीया आदि अन्य तिथियां बहुत ही परिश्रुत हैं। श्रावण में कलुषा, भाद्रपद में गोरमला, आश्विन में प्रेत संचारा, तथा कार्तिक में यमा नाम वाली कही गई हैं। इनके नामकरण और हेतु के बारे में बताते हुए कृष्ण ने कहा कि प्राचीन काल में वृत्तासुर के वध के बाद इन्द्र ने अपना राज्य तो पुनः प्राप्त कर लिया किन्तु ब्रह्म-हत्या का पाप दूर करने के लिए उन्हें अश्वमेध यज्ञ करना पड़ा। यह पाप श्रवण मास में द्वितीया में दिन के उदय समय में व्यूह रूप में होता है और इससे निर्मलीकरण सम्पन्न होता है। इसलिए श्रावण द्वितीया को कलुषा कहा जाता है।

यह भी कहा गया है कि मेदिनी मधुकैटभ के रुधिर में मग्न हो गई, नारियों का रज वही मल है। सभी नदियां कूर्मल होती हैं। अग्नि के धुएं

की शिखा यही मल होता है। इसमें सभी कलुष आचरण किया करते हैं। इस कारण भी इसको कलुषा कहा गया है।

गौ, गिरा, भारती, वाणी, वाचा, मेधा, और सरस्वती, ये सभी उसके नाम हैं। इसीलिए इसका नाम गौमल का वहन के कारण गौरमाला हुआ।

अनध्याय के दिनों में जो पढ़ते और पढ़ाते हैं, वे अपशब्दों से उत्पन्न मल प्रेत संचारा होते हैं।

कार्तिक मास में शुक्ल पक्ष की द्वितीया में यमराज को बहन के द्वारा पहले भोजन कराया गया। द्वितीया में महोत्सर्ग में नागकीय प्राणियों को तर्पित किया, जिससे वे पाप-मुक्त होकर परम तुष्ट हुए। तभी से यह यम द्वितीया कहलाने लगी। बुध पुरुष इन दिन स्नेहपूर्वक अपनी बहन के हाथ से पुष्टिकर भोजन करते हैं। फलस्वरूप उन्हें सुवर्ण, अलंकार और वस्त्र आदि से सत्कृत करते हैं। इस तिथि को बहन द्वारा भाई के सत्कार के कारण द्वितीया भी कहा जाता है। यह व्रत, धन, यश और आयु को बढ़ाने वाला तथा धर्म, अर्थ, काम, देने वाला होता है।

स्त्री को वैधव्य–विमुक्त रखने वाले व्रत की चर्चा करते हुए कृष्ण ने बताया कि अशून्यशयनी द्वितीया का उपवास करके स्त्री वैधव्य के दुःख से मुक्त हो सकती है। इसके लिए जिस समय जगत-पालक विष्णु, लक्ष्मी के साथ शयन करते हैं, वह तिथि अशून्यशयना कहलाती है। श्रावण में कृष्ण पक्ष में द्वितीया के दिन किसी नदी या तालाब अथवा घर में नियत आत्मा वाले पुरुष को स्नान कराना चाहिए। तथा भक्ति भाव से समन्वित पुरुष को देव-पितरों का तर्पण करके चौकोर मिट्टी का एक पिंड बनाना चाहिए और विधिपूर्वक अर्घ्य, पाद्य, नैवेद्य तथा उपचार आदि से पूजन करते हुए गृहस्थ की कुशलता और आयु के लिए वर मांगते हुए अपने को पति-युक्त रहने का निवदेन करना चाहिए। हरिपूजन करके चन्द्रोदय के समय से पहले स्नान करके शक्ति के अनुसार विप्र को दक्षिणा देनी चाहिए। इस प्रकार श्रावण, भाद्रपद, आश्विनी और कार्तिक मासों में कृष्ण पक्ष द्वितीया को व्रत रखते हुए अनुष्ठान पूर्ण करना चाहिए। यह अशून्यशयना नाम वाली द्वितीया समस्त कलुषों का हरण

करने वाली तथा वैधव्य-मोचक होती है।

इसी प्रकार भाद्रपद मास में शुक्लपक्ष में दिन के उदय काल में प्रति वर्ष शुद्ध तृतीया का चतुर्थी तिथि के दिन के उपवास के साथ गोमद व्रत का पालन करना चाहिए। नर तथा नारी दोनों को ही यह व्रत शुभ फल देता है।

प्रातःकाल स्नान करके, पुष्प, धूप, दीप, विलेपन, दही, अक्षत, माला एवं पिष्टक के द्वारा वन से आई गौओं के सींग, खुर और पूंछ के अन्त भाग को धोना चाहिए। भक्ति-भाव से पूर्वाह्न तथा अपराह्न में अह्निक दें, तेल तथा क्षार से रहित अनग्नि-पाक का भोजन करें। जाने तथा आने वाली गायों का नित्य ही नगर-द्वार पर गोष्ठ मन्त्र के द्वारा अर्घ्य दें। मन्त्र में, रुद्रों की माता, आदित्यों की स्वसा और अमृत की नाभि है, अभीष्ट जन के कभी प्रतिकूल न होवें, अनागा अदिति गाय का वध नहीं करना चाहिए।

इस प्रकार गौओं के प्रति समर्पण भाव प्रदर्शित करते हुए उन्हें अर्घ्य देकर पूजन करके फिर घर जाना चाहिए। पंचमी के दिन गोरस दधि का सेवन करना चाहिए। संयत भोजन कर रात्रि में शयन करें। प्रातः होने पर स्वर्ण गोमद का दान करके गौ नाथ गरुड़ध्वज गोविन्द के समक्ष, क्षमापन करें। यहां गौ अर्चन के समान ही गोवर्धन गिरि की अर्चना करें, भगवान अच्युत को प्रणाम करें, इससे शुभ फल मिलता है। परम सौभाग्य, रूप लावण्य, धन-धान्य, सन्तति लाभ, दिव्य, भूषण, अमरता मिलती है, अप्सराओं के समागम का सुख मिलता है और इस प्रकार भक्त अनन्त सुख भोगता हुआ अन्त में विष्णुपुर गमन करता है। जो इस व्रत को तीन रात्रि करता है, विधिवत् गोरस पूजन करके गोविन्द के प्रणाम करता है वह मोक्ष को प्राप्त करता है।

हरि काली तृतीया का व्रत-माहात्म्य बताते हुए कृष्ण ने कहा, हरि काली देव-देवी गौरी शंकर-वल्लभा है, इसे मन्त्र अर्घ्यपाद्य पूजा से सन्तुष्ट करके दिव्य कथा के अनुसार रात्रि-जागरण करके प्रातःकाल सुवासिनी के द्वारा किसी पुण्य जलाशय में स्नान करके हरि काली, हरि

प्रिया का उसमें विसर्जन करना चाहिए। यह देवी समस्त पापों का हरण करने वाली स्त्री को पति का सुख प्रदान करने वाली है।

पुराने समय में दक्ष प्रजापति की एक कन्या काली नाम से हुई है, वर्ण से कृष्ण यह नये नीलकमल की आभा वाली थी। इसका शंख-सूर्य के अनुनादी विधान द्वारा त्रिलोचन से विवाह हुआ था। विवाह निवासित हो जाने पर त्रिलोचन प्रभु उसके साथ मन की क्रीड़ा करते थे।

किसी समय में देव के समान वह वृषध्वज विष्णु की सहायता से युक्त परमरम्य आस्थान में स्थिर हुए। वहां त्रिपुरान्तक के गर्भ के द्वारा गण, मातृ गण से समावृत नीलोत्पल के समान श्याम काली को बुलाया, उन्हें पार्श्व में बैठने के लिए आह्वान किया। इस पर वह देवी क्रुद्ध हो गई। वहीं पर स्थित होकर वह रुदन करने लगी और यह कहकर कि किस कारण मेरी उपमा कृष्ण वर्ण से की है, हर काली कहकर बुलाया है, उसने अपना शरीर अग्नि में समर्पण करने का संकल्प कर लिया और शरीर को भस्म कर डाला। यही आगे चलकर हिमालय के यहां गौरी के नाम से जन्मी और भगवान महादेव के अर्धांग भाग में स्थित हुई। देवताओं द्वारा विधिवत् पूजी गई।

वह हर के कर्म से समुत्पन्न होने वाली, हर की काया, हर की प्रिया, सदा रक्षा करने वाली है, इसलिए अर्घ्य, पाद्य, नैवेद्य से पूजन करने के पश्चात् प्रातःकाल उसका किसी पुण्य सरोवर में विसर्जन कर देना चाहिए।

इस प्रकार जो शुभ नारी इस व्रत का सेवन करती है, वह सभी प्रकार के भोग सुख प्राप्त करती हुई सौभाग्यशालिनी होकर, पुत्र-पौत्र आदि से संयुक्त सौ वर्ष तक पृथ्वी पर सुलोप भोग करके देहान्त होने पर शिव का सान्निधय पाती है और हर कालिका नाम से युक्त हिमाद्रि तनया का पूजन करके जो अनुद्धत गीत वाद्यों से जागरण किया करती हैं, वे सभी नारियां इस लोक के पति की परम प्रिया होती हैं।

बारह मासों में होने वाले व्रत के विषय में युधिष्ठिर के द्वारा पूछे जाने पर कृष्ण ने कहा, कैलाश पर्वत पर एक शिखर परम रम्य है जहां

बहुत से फल वाले वृक्ष हैं। यहां मधुकर वास करते हैं। राजहंस भी यहां की शोभा बढ़ाते हैं। सभी प्रकार के वन्य पशुओं से यह क्षेत्र शोभायमान है। गन्धर्व, यक्ष, किन्नर, किन्नर देव, ऋषि आदि भी इसका सेवन करके सुख पाते हैं।

अप्सराओं का यहां नित्य भ्रमण रहता है। ऐसे इस पर्वत पर एक बार उमा ने भी इस व्रत के बारे में शिव से पूछा था। उन्हें इस व्रत के विषय में बताते हुए शिव ने यही कहा कि हे उमा, तुम्हें सर्व सुख उपलब्ध हैं फिर यह अनुष्ठान-संकल्प किसलिए? इस पर पार्वती ने कहा, पृथ्वी लोक की नारियों के लिए जो गौरी की पूजा करती हैं, सांसारिक सुखों, उपलब्धियों की प्राप्ति हेतु देवी की अर्चना-स्तुति करती हैं, उन्हें तुष्ट करने के लिए उन्हें विवश होना पड़ता है, इसलिए सुख सम्भोग, रूप-लावण्य की सम्पदा से तथा पुत्र सौभाग्य से युक्त करने वाला व्रत आप कृपया बताएं।

इस पर शिव ने उन्हें बताया कि माघ शुक्ला तृतीया तिथि को व्रत मन से मुख धोकर, हाथ-पैर धोकर नित्य-नैमित्तिक कर्म से निवृत्त होकर किसी शुभ तीर्थ के जल से स्नान करके धवल वस्त्रों का परिधान करके गन्ध, पुष्पादि से आपका सेवन अर्चन करने से धूप, अर्घ्य, जल, नैवेद्य समर्पित करते हुए समाधि मंत्र का जाप करें। मन अभीष्ट मनोरथ का ध्यान करके महेश्वरा, ललिता, शिवप्रिया का ध्यान करें। एक घड़ी पर्यन्त प्रतीक्षा करके बारम्बार नमस्कार करके आचमन करें, द्विजों का पूजन करें, फिर उन्हें दक्षिणा, भोजन दान आदि देकर तुष्ट करके मौन भोजन करें।

दूसरे मास में पार्वती, तीसरे में शंकरप्रिया, चौथे में भवानी, पांचवें में स्कन्द-माता के नाम से पूजन करें। छठे मास में दुहिता, सातवें में मैना, आठवें में कात्यायनी, नवें मास में हिमाद्रिजा, दसवें मास में सौभाग्यदायिनी, ग्यारहवें मास में गौरी नाम से यजन करें।

इसमें कुशोदक, पेय, घृत, गोमूत्र, गोमथ, फल नीम, करकारी गौ के श्रृंग का उदक, दधि, पंचगव्य आदि प्राशन कराएं। वाचन करने वाले

ब्राह्मण को यथा सामर्थ्य दान देवें। इस प्रकार आप पूर्ण संतुष्ट हो जाएंगी और अपने अभ्यर्थी को तुष्ट करके उसकी सभी कामनाएं पूरी कर सकती हैं। ऐसा पूर्ण व्रत करने वाली स्त्री अपने पति के साथ पूर्ण सुख भोग करके अन्त में शिव-लोक वासिनी हो जाती है।

वैशाख मास की अक्षय तृतीया व्रतोपाख्यान का वृत्तान्त सुनाते हुए केशव ने युधिष्ठिर से कहा, स्नान, दान, जप, होम, पितृतर्पण जो कुछ भी इस तिथि के दिन किया जाता है, पुण्य कर्म से वह सभी अक्षय हो जाता है। कृत युग के आदि में यह तिथि युग का आरम्भ कही गई है। इसीलिए यह सभी पापों का क्षय करने वाली, सभी सुख प्रदान करने वाली है।

एक बार शाकल नगर में धर्म नाम का एक वाणिक रहा करता था। यह धर्माचारी, सत्यनिष्ठ, प्रियभाषी तथा देवी-पूजा में रत रहने वाला था। उसे यह ज्ञात हुआ कि यह तृतीया जब बुधवार तथा रोहिणी नक्षत्र के संयोग वाली होती है तो महान् फल देने वाली होती है। इस दिन जो कुछ भी किया जाता है, दिया जाता है वह सब अक्षय होता है। ऐसा सोचकर वह गंगा तट पर पहुंच गया था वहां पूर्ण विधि-विधान से उसने देव, पितृतर्पण किया, तब लौटकर घर आकर उदक सहित अन्न तथा जल से भरे घटों को पूर्ण तथा भरकर ब्राह्मणों को दान कर दिया। यव, गोधूम, वणक, शक्तु, दधि, अघिन आदि हिरण्ययुक्त सभी पदार्थ शुद्ध मन से दान में दिए। उसकी भार्या सांसारिक वृत्ति वाली थी। उसने उसे रोका भी किन्तु यह दृढ़ निश्चयी अपने भाव में अटल रहा।

धर्म, अर्थ, काम में समासक्त रहते हुए बहुत समय व्यतीत हो गया। इस प्रकार बारम्बार विष्णु का स्मरण करता हुआ वह मृत्यु को प्राप्त हो गया। इसके पश्चात् पुनर्जन्म में, वह कुशावती में, राजा रूप में, क्षत्रिय कुल में जन्मा, उसके धर्म से अक्षय समृद्धि हुई। यहां भी श्रेष्ठ दक्षिणा से उसने यज्ञ सम्पन्न कराके ब्राह्मणों को तुष्ट किया। गौ, भूमि तथा सुवर्ण का श्रद्धा-भक्ति-पूर्वक दान दिया।

दोनों को तृप्त करते हुए महान् यज्ञों का यजन किया तथा कामपूर्वक

भोग-उपभोग किया। इस पर भी उसका धन कभी कम नहीं हुआ क्योंकि बिना विभव के उसने तृतीया में श्रद्धापूर्वक दान किया था। इस व्रत के विधान के लिए उदक के पूर्ण कुंभ, जिसमें दूसरों के उदक भरे हों, स्नान कर सब रसों में उनका दान करना चाहिए। इसमें ग्रीष्म के उपयोगी सभी पदार्थ दान हेतु स्वीकार्य हैं, उपानह दान, गौ, भूमि, सुवर्ण दान तथा वस्त्रादि का दान महत्त्वपूर्ण होता है। इसमें बिना शंका तथा संकोच के दान देना चाहिए। इस तिथि में हवन किया हुआ, दान दिया हुआ कुछ भी क्षय नहीं होता। इसी कारण मुनियों ने इसे अक्षय तृतीया कहा है।

इसी प्रकार विनायक चतुर्थी व्रत का माहात्म्य है, गणों के अधिपति भगवान रुद्र तथा ब्रह्मा ने विनायक की नियुक्ति लोक अर्थ के हित विशेष से की है। इस व्रत के लिए प्रातःकाल स्नान करके भद्रासन पर बैठ कर शुभ द्विजों से स्वस्ति-वाचन करके चारों-वेदों का श्रवण करके व्योमकेश, पार्वती और भूमि का भली-भांति पूजन करें। अश्वों, गजों के रहने के स्थान से मृत्तिका लाकर, गुग्गल जल में प्रक्षिप्त करके एक रंग के चार कलशों से ह्रद से जो आहुति है, रात में स्थापित करके नमस्कार से युक्त नाम तथा बलि मंत्र द्वारा चारों ओर आहुति दें और अर्घ्य, जल, नैवेद्य से सेवन करके विनायक जननी अम्बिका का उपात्थान करें। दूब सरसों के पुष्प से अंजलि करके अर्घ्य देवें और पुत्र, रूप लावण्य, प्रिया सुख, धन-धान्य की कामना करें। तत्पश्चात् शुक्ल गंध का अनुलेपन कर ब्राह्मणों को भोजन कराके, गुरु को भी दान-दक्षिणा से संतुष्ट करें।

इस प्रकार विनायक का पूजन करके मनुष्य शुभ फलों को पाने का अधिकारी हो जाता है। ये विनायक विघ्न का विनाश करने वाले, सभी काम निर्विघ्न कराने वाले हैं। जो मनुष्य लोक में यह व्रत-अनुष्ठान किया करते हैं, उन्हें अभीष्ट फल प्राप्त होते हैं। इसमें लेश मात्र भी संशय नहीं।

एक अन्य विघ्न न करने वाला व्रत आख्यान सुनाते हुए कृष्ण ने कहा, फाल्गुन मास में चतुर्थी तिथि को यह व्रत ग्रहण करना चाहिए। इसमें रात्रि में भोजन होता है। तिल का अन्न धारण किया जाता है। वही अग्नि में आहुति के रूप में दिया जाता है, वही ब्राह्मण को दान किया

जाता है और इस प्रकार अग्नि में, गजांनन, लम्बोदर के लिए भी वही होना चाहिए। भली-भांति यह पूजन-व्रत करके विघ्नों का विनाश करने के लिए व्यक्ति को होम करना चाहिए। चास मास यह व्रत करके पांचवें मास में सुवर्ण का बना गज वक्र लाकर ब्राह्मण को देना चाहिए। पायस से भरे चार ताम्रों के सहित एक पांचवां पात्र ग्रहण करें, जो तिलों से तथा गणेश से अधिष्ठित होवे। धनहीनता के प्रभाव में ये मिट्टी के पात्र भी हो सकते हैं। ऐसा यह माहात्म्य वाला व्रत करके व्यक्ति अपने सभी विघ्नों का नाश कर देता है और उनसे मुक्ति पा लेता है। पुराने समय में राजा सगर ने भी इसी व्रत का पालन करके विघ्नों से मुक्ति पायी थी तथा खोये यज्ञावश को प्राप्त कर लिया था।

इसी प्रकार शान्ति देने वाले अद्भुत व्रत का वर्णन करते हुए कृष्ण ने बताया कि कार्तिक मास की शुक्ला पंचमी तिथि को इस व्रत का समारम्भ करके एक वर्ष तक अम्ल रहित भोजन और रात्रि में विष्णु का अर्चन करते हुए, अनन्त के लिए चरणों का सेवन करें। धृतराष्ट्र के लिए कटि, तक्षक के लिए उदर, करकोटक के लिए उर, पद्मसंज्ञक सर्प के लिए कर्ण और महापद्म के लिए दोयूं का पूजन करना चाहिए। शंखपाल के लिए वक्षस्थल और कुलिक के लिए शिरका पूजन करना चाहिए।

इस प्रकार विष्णु का पृथक पूजन करना चाहिए। मौन होकर भगवान् विष्णु में ध्यान लगाकर, खीर से स्नान कराकर, विचक्षण पुरुष को तिल के साथ खीर का हवन करना चाहिए और इस प्रकार वर्ष पूरा होने पर ब्राह्मणों को भोजन कराकर सोने की प्रभु-मूर्ति निर्मित्त कराके, स्वर्णदान के साथ मूर्ति दे देनी चाहिए। इसके साथ ही सवत्सा गऊ, दो वस्त्र और कांसी का बर्तन, दुग्धपूर्ण और यथाशक्ति दान से ब्राह्मण को तुष्ट करना चाहिए। इस प्रकार जो व्यक्ति श्रद्धा भक्ति और भावना से इस व्रत को पूरा करता है। उसे नित्य ही शान्ति मिलती है, नागों का भय नहीं रहता। शेषनाग के भोग पर शयन में स्थित अयोगसूति पतंगेन्द्र नाथ यज्ञ पुरुष का पूजन करके शुक्ल पक्ष की पंचमी तिथि को जो, मिष्टान्न के साथ पूजा करते हैं, वे जन नागों से होने वाले भय से मुक्त रहते हैं।

दैयीता पंचमी नागों को आनन्द देने वाली होती है, इसमें वासुकि, तक्षक, कालिक, मणिभद्रक, करकोटक आदि नाग पूजित होकर प्राणियों को अभयदान देते हैं।

इस माहात्म्य का वर्णन करते हुए कि उच्चैःश्रवा अश्वों का राजा श्वेत वर्ण वाला है, अमृत से उसकी उत्पत्ति हुई है। इसको देखकर नाग जननी कद्रू ने अपनी बहन को इसका वैभव दिखलाया, तो विनता को यह आश्चर्य हुआ कि यह पूर्ण रूप से श्वेत है। तुम इसे कृष्णवर्णी कैसे बता रही हो? तब कद्रू ने बताया कि मैं एक आंख से इसके वर्ण को भली-भांति देख पा रही हूं और तुम दो आंख वाली होकर भी इस रूप को नहीं देख रही हो। इस पर दोनों ने शर्त लग गई और इसके अनुरूप अपने कथन में सत्य न ठहरने वाली हो दूसरे की दासी होना पड़ेगा। कुटिलता से भरी हुई कद्रू ने अपने सब पुत्रों को बुलाकर कहा कि तुम बाल बनकर अश्व में स्थित हो जाओ क्योंकि वह विनता गर्व वाली हो रही है।

नागों ने कद्रू से कहा कि यह तो घोर अधर्म का काम है। इस पर कद्रू ने अपने सभी पुत्रों को पावक से जलने का शाप दे दिया। पांडव जनमेजय जब सर्प-यज्ञ करेगा तो उस समय अग्नि तुम्हें खा जायेगी। इस शाप को पाकर नाग अपना कर्त्तव्य ही नहीं खोज पाये, वासुकि मूर्च्छित हो गया। उसे सान्त्वना देते हुए ब्रह्मा ने बताया कि यायावर कुल में जरतकारु नाम के द्विज द्वारा तुम्हारा उद्धार होगा और उसका पुत्र आस्तीक तुम्हें अभय देगा और यह पंचमी के दिन होगा। इसीलिए नागों के उद्धार के निमित्त यह शुभ देने वाली पंचमी दैयीता पंचमी कहलाती है।

इस कामना से पहले ब्राह्मण भोज कराकर समस्त नागों को नमस्कार करते हुए विप्रों की अर्चना करते हुए नाग-विसर्जन करना चाहिए। अन्त में अपने सेवकों के साथ भोजन करना चाहिए। इस प्रकार विधि-विधान पूर्वक अनुष्ठान करने वाला मृत्यु के पश्चात् नागलोक में जाकर अप्सराओं द्वारा पूज्यमान होता है और अभीष्ट समय तक स्मरण करता हुआ पृथ्वी पर आकर राजाओं में श्रेष्ठ होता हुआ जन्मता है। जो

मनुष्य नाग के दंश से मृत्यु को प्राप्त होता है, वह अधोपतित होता है और जिसके कुल में कोई सम्बन्धी नाग-दंशित होता है, उसके मोक्ष के लिए भी नागपुष्टि का वर्धन करने वाली यही पंचमी है।

इसका उपवास करना चाहिए और यह भी एक वर्ष पर्यन्त होना चाहिए। वर्ष के अन्त तक बारह पंचमी का व्रत करके महा ब्राह्मणभोज कराना चाहिए। इस श्रेष्ठ व्रत के करने पर जो बन्धु दुर्गति को प्राप्त होते हैं, उनकी सद्गति हो जाती है और इस महाव्रत की कथा का श्रवण करने वाले को कभी नाग-भय नहीं सताता। यही शेष आदि परम नागों को प्रसन्न करने का अनुष्ठान है। इसमें 'ओऽम कुरुकुल्ले हुं फट स्वाहा' मन्त्र का जाप करना चाहिए। जो भक्त भाव के साथ सौ पंचमियों को फल के उपहारों द्वारा नाग-पूजन करता है, वह सदा प्रसन्न रहता है।

लक्ष्मी प्राप्त करने की विधि बताते हुए कृष्ण ने कहा कि पहले यह परम शुभा, भृगु, मुनि ने उत्पन्न हुई थी। मुनि ने मान-वृद्धि के लिए इसे वासुदेव को दे दिया और वासुदेव ने उस पतली उन्नत स्तनों वाली, कमल नेत्रों, पूर्ण चन्द्र के समान सुन्दर मुख वाली, अपनी कांति से दिशाओं को आभासित करने वाली, नितम्बों के आडम्बर से पूर्ण, मस्त हाथी के समान गति वाली, साक्षात् सूर्य की प्रभा के समान, उस सुवर्णमयी को पाकर उसके साथ रमण किया। लक्ष्मी ने भी जगत के स्वामी भगवान विष्णु को पति रूप में मानकर स्वयं को कृतार्थ माना।

उसके द्वारा सुशोभित यह सम्पूर्ण जगत धनधान्य पूर्ण हो गया। लक्ष्मी के दृष्टिपात से ही जगत में उत्पात भी प्रारम्भ हो गए। देवगण आनन्दयुक्त और दैत्य हीनता को प्राप्त हो गए। विरोचन आदि दैत्यों ने यह दशा देखकर अग्नि की शरण ली। जिसके कारण जगत में क्रय-विक्रय का प्रारम्भ हुआ। उधर देवताओं को लक्ष्मी के कारण मद हो गया और उसके प्रभाव से शील, शौच और सत्य का नाश होने लगा।

सत्य और शौच से विहीन देव गणों को छोड़कर लक्ष्मी दानवों के समीप चली गई। जब वे दानव लक्ष्मीयुक्त हो गए तो उन्होंने भी मद से उद्धतता प्राप्त कर ली थी और यव हरण करना, अन्याय उन्माद से

उद्धतता करनी आरम्भ कर दी थी। उनका अहंकार यहां तक बढ़ गया कि वे स्वयं को ही वेद, विद्या और जगत मान बैठे तथा ब्रह्मा, विष्णु, शंकर आदि देव भी वे स्वयं को ही मान बैठे।

यह अहम् भाव लक्ष्मी के विलास से ही पैदा हुआ था, उन भ्रांत चित्त वालों की यह दशा देखकर वह लक्ष्मी सागर में विलीन हो गई। क्षीर सागर के मध्य में पहुंचने पर यह भुवन श्रीहीन हो गया। तब आंगिरस मुनि ने इसके उपाय हेतु समाधान पूछा। जिसमें यह भाव निहित था कि पुनः लक्ष्मी की प्राप्ति हो सके ओर वह अचल रूप् में विद्यमान रहे और वह सभी सुहृदों के भोग के लिए उपलब्ध हो सके। ऐसी लक्ष्मी नहीं चाहिए जो सीमित रहे और एक के द्वारा भोगी जाए, उसे सबके लिए सुलभ होना चाहिए।

बृहस्पति-देव-गुरु ने भली-भांति विचार करके यह व्रत परम शुभ मानकर व्रतों में उत्तम पंचमी व्रत बताया है। इन्द्र ने अन्य देवताओं, दानवों, गन्धर्वों और यक्षों के साथ इसका आरम्भ किया। इनमें कुछ सात्त्विक, कुछ राजसिक और कुछ तामसिक भाव के भी थे। इस व्रत के पूर्ण होने पर देवों और दानवों में युद्ध छिड़ गया। समुद्र का मन्थन किया गया और इसमें अमृत घट प्राप्त हुआ था। इसी में शीतल किरणों वाला चन्द्रमा और लक्ष्मी भी प्राप्त हुईं, जो देवों और दानवों को देखते हुए शीघ्र ही भगवान् विष्णु के वक्षस्थल में समा गईं। जिस कारण विभ्रम से उद्भ्रान्त चित्त वाली लक्ष्मी उनके हृदय में विराजमान हो गई।

इन्द्र ने इस व्रत का राजस भाव से किया। इसलिए वह महान् ऋद्धि पाकर त्रिभुवन का ऐश्वर्य प्राप्त करने का अधिकारी हुआ। तामस वृत्ति वाले दैत्यों ने इस व्रत को पूर्ण करके अपनी सभी धन-सम्पत्ति गंवा दी। इस प्रकार देव, असुर, मानव-सभी ने अपने-अपने स्तर पर व्रत का फल पाया।

व्रत की रीति बताते हुए कृष्ण ने कहा कि मार्गशीर्ष मास की शुक्ल पंचमी तिथि को सूर्योदय हो जाने पर उपवास नियम करना चाहिए। स्वर्ण, रौत्य, ताम्र, काष्ठ अथवा मिट्टी की मूर्ति स्थापित करके तीन पहर

उसकी पूजा करके, चौथे पहर किसी नदी में स्नान करके, सभी देवों, पितरों का तर्पण करते हुए लक्ष्मी-पूजन करना चाहिए।

अनेक नामों का उच्चारण करते हुए सब प्रकार से उपचार करते हुए अन्त में ब्राह्मण-भोज दान-दक्षिणा से निवृत्त होकर मौन व्रत पूर्वक भोजन करना चाहिए। ब्राह्मण वेद-विद्वान या सुयोग्य पात्र होना चाहिए और इस प्रकार ऋद्धि की याचना करते हुए उनकी सेवा में समर्पित होना चाहिए।

जो कोई भी अपनी यथाशक्ति श्रद्धापूर्वक इस पंचमी का व्रत करता है, उसके घर में इक्कीस पीढ़ियों तक सम्पन्नता रहती है। जो स्त्री अपने पति की आज्ञा से यह व्रत करती है, वह परम सुभगा, पुत्रवती और प्रियदर्शना होती है।

यह व्रत भगवान् मुरारी का भी अत्यन्त प्रिय व्रत है। इसके करने वाला मनुष्य भूमंडल में राज्य-सुख प्राप्त करता है और अन्त में विष्णुलोक का गामी होता है।

विशोक सृष्टि व्रत के माहात्म्य को बताते हुए कृष्ण ने कहा कि माघ शुक्ला पंचमी में काले तिलों से स्नान करके दन्तधावन करके, अल्पाहार करना चाहिए और उपवास करके रात्रि में ब्रह्मचर्य का पालन करके फिर प्रातःकाल उठकर शौच करके एक सुवर्ण पिंड को सूर्य रूप में प्रतिष्ठित करके करवीर पुष्प से और दो रक्तवर्णी वस्त्रों द्वारा पूजन करके 'आदित्य ही शोक-विमोचक हैं और सदा उनके चरणों में मेरी भक्ति बनी रहे।' निवेदन करना चाहिए।

यथाशक्ति द्विज को दान, गुड़, मात्र से युक्त विप्रपूजन, बारीक वस्त्रों का जोड़ा, ब्राह्मण को दान देते हुए, तेल और लवण से रहित भोजन करके सप्तमी के दिन मौन रहते हुए पुराण का श्रवण करना चाहिए और वर्ष के अन्त तक इस प्रकार करते रहने से अन्त में स्वर्ण कमल से युक्त कलश, उपस्कारों से युक्त एक शैया और दूध देने वाली गौ दान करने में उदार व्यक्ति इस विशोक षष्ठी पूजन का विधिपूर्वक उद्यापन करके परम गति को प्राप्त होता है और सूर्य लोक का अधिकारी होता है। इस जगत में सभी सुख पाते हैं। नीरोगी, स्वस्थ और धन-धान्य से परिपूर्ण

सुखमय जीवन बिताता हुआ, वह व्यक्ति भगवान् भास्कर का सान्निध्य पाता है।

इस प्रकार कमल षष्ठी व्रत में उपवास करके सप्तमी तिथि में खीर का ग्रहण और फल-त्याग से तथा विधि-विधान पूर्वक अर्घ्यपाद्य सेवन से भी व्यक्ति भगवान् भास्कर की कृपा अधिकारी होता है।

विजय सप्तमी व्रत के माहात्म्य को बताते हुए कृष्ण ने कहा कि रविवार के दिन की सप्तमी तिथि, विजय सप्तमी नाम से जानी जाती है। इस दिन स्नान, दान, जप, होम और उपवास आदि करने से महापातक का नाश होता है। जो पुरुष फूलों और फलों से सूर्य की परिक्रमा करता है वह समस्त सद्‌गुणों में सम्पन्न-परमोत्तम पुत्र का लाभ पाता है। 'हे भानो, हे भास्कर, हे मार्तण्ड, हे चण्डरश्मे, हे दिवाकर! आप मुझे आरोग्य आयु विजय और पुत्र प्रदान कीजिए, मैं आपको नमस्कार करता हूं। ऐसा कहते हुए व्रत करना चाहिए। रात्रि उपवास करके अयाचित भोजन करना चाहिए।

इस तरह नियम से युक्त होकर की गई यह विजय सप्तमी है, इसके पुण्य फल से व्यक्ति रोगमुक्त, लक्ष्मीवान, पुत्रवान, विद्यावान हो जाता है। शुक्ल पक्ष में जब भी आदित्य सप्तमी आवे तब रात्रि में मुदगों का अशन करें। इस व्रत के समाप्त होने पर भूमि में शयन पलाश-पत्र में भोजन करते हुए यथाशक्ति और यथाविधि हवन करें। मुदगों से मिश्रित सुवर्ण विरचित का दान करना चाहिए।

यह श्रेष्ठ विप्र वाचक को देना चाहिए। ज्ञाता पुरुष को छः अक्षरों वाले मन्त्र से सम्पूर्ण कार्य करना चाहिए और व्रत के समाप्त होने पर स्वर्ण का सूर्य बनाकर किसी स्वर्ण पात्र में स्थित करके लाल वस्त्र और काषाय तथा गन्ध दक्षिणा के साथ दान कर देना चाहिए। शाश्वती तृप्ति की इच्छा रखने वाले पुरुषों को पितृगण और देवों का श्राद्ध करना चाहिए। इसके फलस्वरूप यात्रा सफल होती है। जय की इच्छा रखने वाले राजा की विजय होती है और कामनाएं पूर्ण होती हैं। जो नारी इस व्रत को रखती है, वह भी पुण्य की अधिकारिणी होती है और भानुदेव

के पदकमल की अर्चना और चिन्तन करने वाले पुरुषों के लिए यह विजया सप्तमी सदैव विजय प्रदान करती है।

इसी क्रम में आदित्य मंडल दान का भी बड़ा माहात्म्य है। इसे परम शुभ, जौ अथवा गेहूं के आटे से करना चाहिए। एक सुपक्व भानु के बिम्ब की आभा वाला गुड़गव्य, आज्य से पूरित करके भगवान भास्कर का भली-भांति पूजन करके उनके शुभ मंडल को रक्त-चन्दन से या कुकुम से मंडित करके और रक्त वस्त्रों से सुपूजित करके मन्त्र जाप करते हुए किसी ब्राह्मण को दान कर देना चाहिए और कहना चाहिए कि कामनाओं को पूर्ण करने वाले, हे विप्र यह उत्तम मंडल जो परम श्रेयस्कर है, मेरे श्रेष्ठ सम्पादन के लिए आप ग्रहण करें। इस प्रकार से दान करके मनुष्य दिव्य लोक में सूर्य की भांति ही विराजमान होता है और सम्पूर्ण कामना तथा अर्थों से समृद्ध होकर मंडल का अधिपति होता है।

युधिष्ठिर की जिज्ञासा को देखते हुए अचला सप्तमी का माहात्म्य बताते हुए कृष्ण ने कहा कि, एक समय इन्दुमती नाम की वेश्या बड़ी रूपवान और विलासिनी थी। उसका मध्य भाग, कटि प्रदेश, जघन बहुत सुन्दर थे। पीन और उन्नत स्तन थे। उसके सभी अंग विभक्त और सुडौल थे। उसके सामने कामदेव की सुन्दरता भी फीकी थी। कामदेव उसके दर्शन मात्र से ही कामातुर हो जाता था, मानो उसके पास एक वशीकरण विद्या थी, जिससे वह सब लोगों को मनोहर लगती थी।

एक बार उसने सम्पूर्ण संसार की नश्वरता पर विचार करते हुए अनुभव किया कि सम्पूर्ण जगत विषय रूपी समुद्र में डूबता जा रहा है। जन्म, मृत्यु और बुढ़ापा मगर के समान जीवन को ग्रस रहे हैं। जो पुरुष धर्म, अर्थ, काम से रहित समय व्यतीत करता है, वह नहीं लौट पाता तथा स्नान, ध्यान, तप, होम, स्वाध्याय, दान और तर्पण यदि न किया जाए तो जीवन वृथा हो जाता है। ऐसा सोचती हुई वह मस्त यौवन वशिष्ठ मुनि के आश्रम में पहुंची। हे मुनि मैंने जीवन में दान, हवन, व्रत, उपवास, पूजन, तर्पण, कभी कुछ नहीं किया। मैं ऐसा व्रत करना चाहती हूं, जिससे अपने पाप से विमुक्त होकर मुक्ति पा सकूं।

इस पर मुनि ने उसे उपदेश देते हुए कहा कि माघ मास के शुक्ल पक्ष की सप्तमी का व्रत सभी कामनाओं को पूरी करने वाला है। इसमें मात्र स्नान से ही तुम्हें फल प्राप्त हो सकता है।

इसके लिए षष्ठी तिथि में एक बार भोजन करके सप्तमी में जल निश्चित होता है। रात्रि के अन्त में सिर पर दीपक रखकर उसका चालन करो। वशिष्ठ का यह वचन सुनकर इन्दुमती ने विधि-विधान पूर्वक स्नान आदि किया और तीन दिन के स्नान के प्रभाव से यथेच्छित भागों का उपभोग करके अप्सराओं के समुदाय में नायिका पद प्राप्त किया।

यह अचला सप्तमी व्रत सभी पापों का शमन करने वाला और सुख-समृद्धि देने वाला है। इसका विस्तार से वर्णन करते हुए कृष्ण ने बताया कि भास्कर की पूजा करके षष्ठी तिथि में एक बार भोजन करके सप्तमी के दिन प्रातःकाल किसी गम्भीर जलाशय में चले जाना चाहिए, यहां दुष्ट जीव, पशु-पक्षी, मत्स्य कच्छप आदि नहीं होने चाहिए और जल में स्थिर रहकर भगवान रुद्र, अरुण हरि को प्रणाम करते हुए अपने पापों से मुक्ति का निवेदन करते हुए उनकी स्तुति करनी चाहिए।

यह सप्तमी समस्त भूतों की जननी है, समस्त व्याधियों का हरण करने वाली है। स्नान करके देवों और पितरों का तर्पण करके चन्दन से आठ दलों वाले कर्णिका से युक्त पद लेखन करें, उसके मध्य भाग में शंकर, पार्वती का प्रणव से अर्चन करें। सूर्य को जल दें। ताम्रपत्र में घृत और गुड़ के साथ तिल का चूर्ण रखकर वस्त्र, धूप आदि से अर्चना करें।

तब इसको ब्राह्मण को दान दे दें। उसके पश्चात् स्वयं फल सेवन करें। इसको इस प्रकार से जो कोई पढ़ता है, श्रवण करता है, वह कलयुग के समस्त कलुषों से मुक्त देवलोक को प्राप्त होता है। इसी प्रकार बुध अष्टमी का महत्त्व है। इसके सिद्ध कर लेने से मनुष्य को कभी भी नरक नहीं भोगना पड़ता। पुरुरवा के समय से यह बुध से संयुक्त अष्टमी पूज्य हो गई। जो सब प्रकार के पापों का नाश करने वाली और सुखदायी होती है। कहा गया है कि इल नामक राजा एक बार कैलाश पर पुरुष वर्जित क्षेत्र में पहुंच गया। जिसके प्रभाव से वह नारी में बदल गया। यह इल्म

कहलाई। इसको बुध ने देखा तो वह आसक्त हो गया।

बुधवार से युक्त अष्टमी तिथि को वह बुध अत्यन्त प्रसन्न हुआ पुरुरवा इन्हीं का पुत्र था। एक अन्य स्थानक मिथिला नगरी में एक राजा विदेह हुए। उनकी भार्या दरिद्रिनी थी, यह बालक को साथ लेकर मही मंडल में भ्रमण किया करती थी। एक बार अवन्ती नगर में एक ब्राह्मण के घर पहुंच गई। वह भिक्षा मांग कर अपनी आजीविका चलाता था। यहां उस महिला ने थोड़े से गेहूं के दाने चुराकर अपने बालक को दे दिए। कुछ समय पश्चात् वह मृत्यु को प्राप्त हो गई और वह बालक अपने पिता के राज्यासन पर अधिष्ठित हो गया। धर्मराज ने एक सुशील मिथि वंश में उत्पन्न कन्या के साथ विवाह कर लिया था। वह अपने स्वामी का सदैव हित चाहने वाली थीं इसका नाम श्यामला था। धर्मराज ने उस प्रिया को गृह के सभी कार्य व्यापार का दायित्व सौंप दिया किन्तु सात पंजर कीलकों से यंत्रित थे, उन्हें खेलने के लिए निषेध कर दिया।

कुछ समय बाद वह धर्मराज बहुत व्याकुल हो गया तो उस देवी ने क्रमशः सभी पंजर खोल डाले वे उनके अपने पूर्वजों के थे जो नरक में घोर यातनाएं सहन कर रहे थे। यह देख वह बहुत दुःखी हुई। उसने अपने पति से कहा कि आपने मेरी माता को आहूत किया था, जो इतने कष्ट सहन कर रही है। इस पर धर्मराज ने उससे कहा, कि इन्हें खोलने का मैंने निषेध किया था, क्या तुमने ये पंजर खोल लिये! तब धर्मराज यम ने उसे उनके द्वारा किए कर्मों का उल्लेख किया कि तुम्हारी माता ने जो धूम का हरण किया था तो श्यामला ने कहा कि उसने आपको जामाता के रूप में प्राप्त किया। अब आप उनकी मुक्ति को उपाय करें।

इस पर कुछ समय मौन रहकर यम ने कहा पिछले जन्म में शुभा ब्राह्मणी तुल्य थीं, तुमने सखियों के साथ बुधाष्टमी व्रत का पालन किया था। वह फल यदि आप अपनी मां को दे दें तो उनका उद्धार हो जाएगा।

यह सुनकर उस श्यामला ने पिछले जन्म का किया हुआ पुण्य अपनी मां को दे दिया। परम संतुष्ट होकर मोक्ष को प्राप्त किया। वह अपने स्वामी के समीप अब भी आकाश में दिखलाई पड़ती है, शुक्लपक्ष

की बुद्ध अष्टमी के दिन एक समय भोजन करके मनुष्य को व्रत करना चाहिए, पूर्वा में नदीं में स्नान करके एक नूतन कलश को ग्रहण करें, वह जल से भरा, द्रव्यों के साथ पूर्ण पात्र से समन्वित होना चाहिए, आठ वारों तक अलग-अलग विधानों से उसे करना चाहिए। प्रथम मोदकों से, फेणकों से, घृत के पूओं से, वटकों से, शुभ्रकारी से, सुहालियों से, शुभ्र खांड से, फलों एवं पुष्पों से सेवा करनी चाहिए। तब स्वस्थ मन से योग्य मान पदार्थ का भोजन करें। वेदवेत्ता विप्र से कथा श्रवण करें।

तब बुधाय नमः सोमात्मजाय नमः, दुर्बुद्धि नाशाय नमः, सुबुद्धि प्रदाय नमः, तारा जाताय नमः, सौम्य ग्रहाय नमः, सर्व साख्य प्रदाय नमः, कहते हुए ब्राह्मण भोज द्वारा इसे सम्पन्न करें तथा सवत्सा गौदान करें। जो कोई पुरुष बुधवार से युक्त अष्टमी के व्रत को भक्ति भाव से करके कन पृष्ठ का विराजमान विधु के पुत्र विप्र का अच्छी तरह से पूजन किया करता है, पक्वान्न के पात्रों के सहित स्वर्ग तथा वस्त्रों से युक्त होता है, वह कभी यम पुरी के दर्शन नहीं करता है।

जन्माष्टमी व्रत का विवरण सुनाते हुए कृष्ण ने कहा, हे युधिष्ठिर! जिस समय मधुरा में अत्यन्त दुष्ट कंसराज मारा गया था तब मां देवकी ने मुझे अपनी गोद में बैठाकर रुदन किया, सभी जन मंच पर पधार गए। अपने भाई-बन्धुओं और स्त्रियों से घिरे होने के कारण पिता वसुदेव भी रोने लगे। उन्होंने मुझे अपने अंक में खींचकर मुझे स्नेह से दुलारते हुए कहा, कि आज मेरा जन्म सफ़ल हो गया। यदुकुल में उत्पन्न दोनों बालक कृष्ण तथा बलराम उन्हें मिल गए थे। इस प्रकार एक वर्ष में वह दम्पति अत्यंत प्रसन्न हो गई। उस दिन माता देवकी ने आपको जन्म दिया था, उस दिन हे केश! भली-भांति भक्ति से प्रसन्न आप हम पर ऐसी कृपा करें कि बैकुण्ड लोक प्रदान करें। वहं ऐसा ही कुछ हम किया करें।

इस प्रकार पिता के आदेश से मैंने ऐसा ही होने का आशय स्वीकार कर लिया। मेरे उस जन्म दिन को पुरवासी प्रत्येक वर्ष जन्माष्टमी व्रत के रूप में मानने लगे। इस दिन आकाश मेघों से भर जाता है। कृष्ण पक्ष की इस अष्टमी के दिन अर्ध रात्रि के समय चन्द्रमा के उदय होने पर रोहिणी

नक्षत्र के योग पर मेरा जन्म हुआ था, बाद में यही महान् उत्सव के रूप में मनाया जाने लगा।

मथुरा पुरी से सम्पूर्ण लोक में व्याप्ति छा गई। इसकी विधि बताते हुए कृष्ण ने कहा कि प्रातः दन्तधावन, शौच, कुल्ला, स्नान आदि करके व्रत का अनुष्ठान करें, उपवास करें। यह एक उपवास ही ऐसे अद्भुत गुणों वाला है, इसे करने से मनुष्य सम्पूर्ण जन्मों में किए सभी पापों से मुक्त हो जाता है। उपावृत्त पापों से जो गुणों सहित वास होता है, वही उपवास होता है। जो सभी भोगों से विशेष रूप से वर्जित होता है।

मध्याह्न में किसी नदी आदि तीर्थ तथा शुद्ध जलाशय के निर्मल जल में स्नान करके फिर देवकी का एक अत्यन्त शोभा वाला सूतिका गृह बनाएं। पद्मराग, शुभपत्र, वन मालाओं, रक्षा मणियों से भूषित करें। बद्धा सुरालोह खड्ग से संयुक्त प्रिय छाग से समन्वित करें। धान्य में मूसल का विन्यास करके रक्षा पालकों द्वारा उसे रक्षित रखें और देवकी की सुवर्ण, रजत, ताम्र, काष्ठ, पीतल या मृतिका की मूर्ति प्रतिष्ठापित करें, साथ में बालक के रूप में मुझे भी स्तन-पान करते दिखाया जाए। मेरे वक्षस्थ पर श्री वत्स का चिह्न अंकित होना चाहिए। वहीं पास में यशोदा भी एक कला का प्रसव करती दिखलाई पड़नी चाहिए।

वहां पर देवधर को नाग, यक्ष, विद्याधर, नरगण, असुर अपने हाथों में पुष्पों की मालाओं को ग्रहण किए प्रणाम की मुद्रा में दिखाई देंगे। वसुदेव भी खंग, चर्म धारण किए दिखाई देने चाहिए।

नन्द प्रजापति दक्ष थे, ये अवतार हैं, कंस कालनेमिज है, आयुध युक्त प्रहरी भी निद्रा में मग्न दिखाए जाने चाहिए।

इस प्रकार पूर्ण रूप से दृश्य उपस्थित करके वेणु तथा वीणा के निनादक स्वर गुंजित करते हुए–ॐ देवकी नमस्कार कहते हुए–पूजन करें तो वह भक्त सब पापों से मुक्त हो जाता है।

आधी रात में गुड़ और घी से वसु धारा का पालन करना चाहिए। इसके अनन्तर वद्धापन और मेरा षष्ठी नाम आदि का कर्म करना चाहिए, जो कि उसी रात्रि में होवे, फिर प्रातः नवमी के दिन भगवती का

महोत्सव भी करना चाहिए।

अपनी शक्ति के अनुसार ब्राह्मण भोज, दक्षिणा आदि देकर तुष्टि करें और यह भाव निहित रहे कि भगवान कृष्ण मुझ पर प्रसन्न रहें। इस तरह विधि-विधान-पूर्वक देवकी का यह व्रत जो पुरुष करता है वह पुरुष हो या नारी शुभ फल को प्राप्त होता है। समस्त संकटों से मुक्ति पाता, जीवन सुख से व्यतीत करने के पश्चात् अंत में विष्णु लोक का वासी होता है।

एक अन्य अनन्त व्रत का उपाख्यान सुनाते हुए कृष्ण ने कहा कि यह परम शिव व्रत मनुष्यों तथा स्त्रियों–सभी को परम सुख प्रदान करने वाला है, भाद्रपद मास में शुक्ला चतुर्दशी के दिन यह सम्पन्न होता है। इसके अनुष्ठान से मनुष्य सभी पापों से मुक्त हो जाता है और यह अनन्त ही मैं हूं, आदित्य आदि वारों में जो काल उत्पन्न होता है, जो कला काष्ठा मुहूर्त आदि लेकर दिन और रात्रि शरीर वाला है, पक्ष, मास, वर्ष प्रभृति पुत्र एवं कल्प की व्यवस्था से यह काल स्थित माना जाता है। मैं यहां काल भूमि पर उतारने के लिए अवतीर्ण हुआ हूं।

पहले कृतयुग में सुमन्तु नाम का एक द्विज था। वशिष्ठ गोत्र में उत्पन्न यह बहुत ही सुन्दर रूप वाला विप्र हुआ। इसने भृगु की दीक्षा नाम की कन्या से विवाह किया। इसके यहां शीला नाम की एक कन्या ने जन्म लिया। वह भी मां तथा पिता के समान ही गुण-सम्पन्न सुशील तथा घर में श्री वृद्धि करने वाली थी। एक दिन उसकी माता रुग्ण होकर मृत्यु को प्राप्त हो गई तथा मृत होकर स्वर्ग को चली गई इसके पश्चात् सुमुन्तु ने एक अन्य धर्म परायण की कन्या से विवाह कर लिया।

वह कर्कशा नाम वाली स्वभाव में भी कर्कशा थी। नित्य कलह करने वाली थी। वह शीला नित्य ही पिता के घर में अर्चना-पूजा में रत रहा करती थी। एक बार सुमन्तु ने अनुभव किया कि उसकी वह कन्या विवाह योग्य पूर्ण तरुणी हो गई है। यत्न करने पर उसने मुनीन्द्र कौंडिन्य को उसका दानकर दिया तथा निवृत्त होकर अपनी पत्नी कर्कशा से कहा, कि विदा के लिए अपने जामाता को कुछ आयादिक पारितोषक देना

चाहिए। वह कर्कशा क्रुद्ध हो गई और घर के किवाड़ बन्द कर लिये। कौंडिन्य अपनी नवविवाहिता पत्नी के साथ अपने पुर को चल दिया।

मध्याह्न के समय भोजन की वेला होने पर नदी तट पर उतरकर शीला ने रक्त वस्त्र धारण करने वाली स्त्रियों के समुदाय को वहां देखा। उस रोज चतुर्दशी तिथि थी। उसमें अलग-अलग अपनी श्रद्धा-भक्ति से अर्चन किए जाने वाले देव के समीप पहुंचकर, शीला ने उन नारियों के समूह से जिज्ञासावश पूछा, आप किसकी पूजा-अर्चना कर रही हैं? किस अनुष्ठान में रत हैं, कृपया मुझे भी बताकर उपकृत करें? तब उस स्त्री समुदाय में से एक विज्ञ प्रौढ़ा ने उसे बताया कि वह परम पवित्र व्रतों में श्रेष्ठ भगवान् अनन्त को समर्पित विख्यात अनन्त चतुर्दशी व्रत है।

इस पर शीला ने भी वह व्रत करने की इच्छा प्रकट की और उसका पूरा विधि-विधान उनसे जानने की इच्छा जताई। इसमें क्या दान किया जाता है, यह किस प्रकार सम्पन्न किया जाता है। इस पर उस स्त्री ने उसे बताया कि एक प्रस्थ पका अन्न और पुन्नाम सुकृत का अर्ध-भाग विप्र के लिए देते हुए और अर्ध-भाग आत्मा से भोजन करना चाहिए।

सरिता के किनारे इस व्रत को करते हुए भगवान् हरि की कथा का श्रवण करके मंडल तथा धूप गन्ध आदि से अनन्तानन्त भगवान् वासुदेव की अभ्यर्थना करनी चाहिए। धूप, पुष्प, नैवेद्य और उनके आगे पीतल से युक्त चतुः शत से दृढ़ कुकुम लगा सदोरुक सूत्र प्रस्तुत विराजमान हों। इस मन्त्र से वर्ष-पर्यन्त जप करते हुए 'अनन्त' संसाररूपी महासागर में मग्न होते हुए प्रभु हमारा उद्धार करो। अनन्त रूप में विनियोजित आत्मा वाले अनन्त रूप हमारा कल्याण करें आपको बारम्बार नमस्कार है।

ऐसा करते हुए हरेक विधि से स्वस्थ मन वाले भक्तों को अनन्त विश्व रूपी नारायण देव का भोग लगाना चाहिए। तब फिर ब्राह्मण को यथा सामर्थ्य दान-दक्षिणा देकर श्रद्धापूर्वक भोजन कराके स्वयं भोजन करना चाहिए और अन्त में घर लौट आना चाहिए। यही व्रत की विधि है, जो उस स्त्री ने शीला को बताई।

कौंडिन्य भी रथ से उतरकर अपनी पत्नी के समीप गया। उसने वहां

उस महान् धन वाली को देखा। पाथेय का शेष भाग विप्र को देकर, स्वयं भोजन करके उसी गोरथ पर सवार वह अपने पति के साथ आश्रम लौट आई। वह अपने पति के साथ प्रत्यक्ष उसी क्षण शावकों के साथ ही हो ली। उस अनन्त भगवान के प्रभाव से वहां शुभ गोधन से संकुल हो गया। उसका गृहाश्रम श्रीसम्पन्न सदैव अतिथियों से पूर्ण-अर्चन का केन्द्र तथा रम्य-स्थली बन गया।

वह शीला भी मणि-कंचन से युक्त सावित्री की प्रतिमा के समान हो गई। किसी समय उसके बैठे हुए भगवान् अनन्त की भाव डोरी से बंधी हुई शीला को मन में दृढ़ देखा। उसने आक्षेप से डोरी को तोड़ दिया, ध्यान भंग कर दिया। इस कर्म के दुष्प्रभाव से उसकी सारी समृद्धि, श्रीशालिता क्षय को प्राप्त हो गई। गौण धन को तस्करों ने लूट लिया। घर अग्नि में जलकर राख हो गया, घर में जो कुछ था वह नष्ट हो गया। अपने प्रियजनों के साथ कलह तथा क्लेश रहने लगा। मित्र भी अमित्र होने लगे। यह सब भगवान् अनन्त के ऊपर आक्षेप का दुष्प्रभाव ही था जिसके कारण अच्छे-भले घर में सम्पन्नता के स्थान पर विपन्नता का वास हो गया था।

ऐसी दशा में उससे कोई भी बात नहीं करता था। इस कर्म से निराश होकर कौंडिन्य निर्वेद के कारण गहन गह्वर वन में चला गया। उसके मन में भगवान् केशव के दर्शन की लालसा व्याप्त थी। बिना भोजन करने वाला व्रत ग्रहण करके ब्रह्मचर्य को धारण करते हुए हरि जाप करता था। उस अरण्य में उसने एक महान् वृक्ष को देखा, वह फलदार तथा फूलों से युक्त था।

उसने पूछा, हे महाद्रुम! क्या अपने भगवान् अनन्त को देखा है। तो द्रुम ने कहा, ''मैं भगवान् अनन्त को नहीं जानता हूं, तब एक वत्स वाली गौ को देखा जो तृण के बीच में इधर-उधर दौड़ लगा रही थी।''

उससे पूछा तो उसने भी अपनी अनभिज्ञता प्रकट की। आगे उसे गौ वृष का दर्शन हुआ। उसने भी अनन्त के बारे में असमर्थता प्रकट की, आगे परम रम्य दो पुष्करिणी मिलीं।

दोनों परम्परा में जल को तरंगों से शोभित किए थीं। कुमुद के फूलों से मंडित थीं। उसने जब कौंडिन्य से पूछा कि आपने भगवान् अनंत को देखा है तो उन्होंने भी यही कहा कि वे भगवान अनंत को नहीं जानतीं।

तब उस ब्राह्मण ने आगे एक गर्दभ और एक गुर्जर देखा। उन दोनों से भी उसे यही उत्तर मिला कि उन्होंने भी अनंत को नहीं देखा है। वह ऐसा सुनकर थक बैठा ही था कि प्रत्यक्ष उसके सम्मुख भगवान् अनंत प्रकट हो गए।

विभूतियों के भेद से अन्नत एवं उस परम ऐश्वर्य वाले परमेश्वर का दर्शन कर परम प्रसन्नता से वह द्विज अनन्त से बोला, हे प्रभु! आज मेरा जीवन सफल हो गया, कृपया महाद्रुम, गौ, दोनों पुष्करिणियां तथा गर्दभ तथा गुर्जर कौन थे? ये भी बताकर अनुग्रहीत करें।

नंत भगवान ने कौंडिन्य की जिज्ञासा देखते हुए बताया कि यह आम्र वृक्ष वह विप्र है जो परम विद्वान था और वेदों का इसे बहुत गर्व था। यह विद्या का दान नहीं करते हुए जी रहा था। अतः इस योनि को प्राप्त हुआ है। वह गो-वसुन्धरा देवी थी, जो निष्फला आपके द्वारा देखी गई थी, वह हर्ष वृषभ देखा गया था जो नाम के लिए आपने वरण किया था। धर्म और अधर्म की व्यवस्था ही वे दोनों पुष्करिणियां थीं, खर क्रोध था और कुंजर धर्म-रूप था–ये ही तुमने देखे थे।

यह ब्राह्मण मैं ही अनन्त हूं जो गह्वर संसार में हैं, हे विप्र! मैंने तुमको यह सब बता दिया है, अब तुम पुनः अपने घर जाकर अनन्त के व्रत को सम्पन्न करते हुए चौदह वर्ष तक निरन्तर जाप करो। इसके पश्चात् मैं प्रसन्न होकर उत्तम नक्षत्रों का स्थान तुम्हें दे दूंगा। वहां पर वह विपुल भोगों का सुखोपभोग करके समस्त यथेप्सित कामनाओं की प्राप्ति करोगे। पुत्र-पौत्रों से परिवृत्त होकर अन्त में मोक्ष की प्राप्ति करोगे। इस प्रकार से यह वरदान देकर प्रभु अनन्त वहीं पर अंतर्ध्यान हो गए। कौंडिन्य अपने घर लौट आया था। विधिपूर्वक अनंत के व्रत का अनुष्ठान करके उसने पुनः सुखोपभोग लब्ध करके अन्त में उत्तम नक्षत्र का स्थान पाया।

इस प्रकार इस महापुराण में जो सन्दर्भ तथा वृत्त वर्णित किए गए हैं, विवरण दिया गया है, सबसे प्रथम व्यास का अनुगमन है, ब्रह्माण्ड का समुद्भव वर्णन है, फिर यह बताया गया है कि इसी ब्रह्माण्ड से वैष्णवी माया होती है। इसके पश्चात् संसार में जो दोष है, उनका कीर्तन किया गया है। इसके अनन्तर पापों से बहुत से भेद तथा अभेदों का वर्णन किया जाता है। इसके पश्चात् शुभाशुभ का विशेष निर्णय बताया जाता है। संकट व्रत के माहात्म्य का वर्णन किया गया है। तिलक व्रत में उसका विधान तथा फल आदि का कीर्तन आता है। अनंत अशोक का व्रत विधान है। उसके पश्चात् करवीर नामक व्रत का वर्णन है, कोकिला व्रत का भी उपाख्यान है। इसके पश्चात् वृहद् तपोव्रत का विधान किया गया है।

फिर रुद्रोपोषण नामक व्रत का वर्णन इस ग्रंथ में बताया गया है। फिर द्वितीया के व्रत का माहात्म्य का वर्णन किया गया है। इस प्रकार अशूचशूच व्रत, कामख्या तृतीया, मेघपाली व्रत, रम्य पंचाग्नि साधन, उत्तम तृतीया का माहात्म्य वर्णित है। इसके पश्चात् तीन रात्रि का गोस्पद नाम व्रत तथा हर काली व्रत का माहात्म्य है, ललिताख्या व्रत तथा योगाख्या व्रत वर्णित हुए हैं। इसके अनन्तर उमा-महेश्वर नाम वाला तथा रम्भा तृतीयक व्रत का वर्णन इस ग्रंथ में किया गया है। सौभाग्या नाम वाली तृतीया, अर्द्रानन्दकरी के व्रत का वर्णन किया गया है। तृतीया का व्रत भाद्रपद और माघ मास में भी किया जाता है।

इसके पश्चात् अनंतरी तृतीया का व्रत तथा गण शक्ति व्रत का वर्णन किया गया है, फिर सारस्वत और पंचमी व्रत कहा गया है। श्री पंचमी नामक व्रत का वर्णन है, इसी क्रम में शोकनाशिनी तथा दुःखहारिणी षष्ठी का माहात्म्य है। फल षष्ठी, मन्दार षष्ठी, व्रत का संविधान किया गया है।

ललिता व्रत षष्ठी व्रत था कार्तिक संज्ञिता षष्ठी के विषय में बताया गया है। इसके उपरांत महक्त्य सप्तमी तथा विभूषा सप्तमी का वर्णन है।

इसके पश्चात आदित्य-मंडल की विधि त्रयोदशी का वर्णन किया गया है। अभय सप्तमी के व्रतों का वर्णन कल्याण सप्तमी के व्रत के विधि-विधान सहित पूर्ण विवेचन किया गया है। इस क्रम में कमला

सप्तमी का वर्णन है, अचल सप्तमी, स्नपन सप्तमी व्रत का सांगोपांग वर्णन हुआ है।

सप्तमी व्रतों के साथ बुधाष्टमी माहात्म्य, जन्माष्टमी, दूर्वाष्टमी, अर्काष्टमी व्रत का वर्णन है।

अष्टमी के व्रतों के पश्चात् इस भविष्य पुराण में नवमी व्रतों का वर्णन हुआ है।

ध्वजा नाम वाली उल्का नवमी के व्रत का सविवरण वर्णन किया गया है।

इसके अनन्तर दशावतार के व्रत का वृत्तांत उपस्थित हुआ है। आशा दशमी व्रत, रोहिणीन्द्र, हरि, शम्भु, ब्रह्मा, सूर्य-वियोगक व्रतों का वर्णन है।

नीराजन, द्वादशी, भीष्म पांचक, मल्लिका नाम वाली द्वादशी, सीमा द्वादशी, उत्तमी द्वादशी श्रवण और सम्प्रति सभी द्वादशी व्रतों का वर्णन है। गोविन्द द्वादशी व्रत का वर्णन भी विधि-विधान-पूर्वक, पूजन-अर्चन, अर्घ्यपाद्य सेवन विधि के साथ विस्तार से वर्णन किया गया है।

इसके अनन्तर अखंड द्वादशी, तिल द्वादशी, सुकृत द्वादशी व्रत तथा धारण करने का विधान उपस्थित है। इसके पश्चात् अशोक द्वादशी, विभूति द्वादशी, पुण्यर्क द्वादशी और श्रवर्क्षंगा द्वादशी के व्रतों का उल्लेख किया गया है।

अर्नन द्वादशी, अग्रपाद व्रत निम्बा के करवीरायमा और दर्शनत्रयोदशी के व्रत का वर्णन किया है अनंग द्वादशी भी पारिलम्भ व्रत बताई गई है।

इसके पश्चात् चतुर्दशी व्रतों का वर्णन किया गया है। अनंत चतुर्दशी व्रत, श्रावणी व्रत, चतुर्दशीअष्टमी दिन में, शिव चतुर्दशी व्रत, फल त्याग चतुर्दशी, वैशाखी, कार्तिकी और माघी व्रत का वर्णन किया गया है। फाल्गुन मास पूर्णिमा में जो व्रत होता है, यह पूर्ण मनोरथ वाला कहलाता है।

कृत्तिका नक्षत्र के योग में कार्तिक मास में कुजिका व्रत का माहात्म्य बताया गया है। अशोक पूर्णिमा नाम का व्रत अनन्त बताया गया है। इस व्रत को करने वाले मनुष्य मोक्ष के अधिकारी हो जाते हैं।

काम-दान नाम का व्रत तथा वृत्तांक विधि वाला व्रत वर्णित किया

गया है। रविवार के दिन संक्रांति के उद्यापन का फल प्राप्त होता है। भद्रा व्रत, अगस्याध, नव चन्द्रार्कम, शुक्र और बृहस्पति आदि व्रतों का वर्णन इसके अनन्तर किया गया है।

चन्द्र तथा सूर्य ग्रहण के अनंतर स्नान करने तथा अन्न के प्राशन करने की विधि का वर्णन करते हुए दुष्प्रभावों से मुक्ति का साधन किया गया है।

इसमें बावड़ी, तालाब का उत्सर्ग तथा वृक्षों का याजन भी इस पवित्र भविष्य पुराण में किया गया है।

देवताओं का पूजन, दीपदान, वृक्षों का उत्सर्ग तथा इन सबकी जो परम फल-क्रिया है, विधि-विधान के साथ वर्णित करते हुए महापापों के क्षय का मार्ग प्रशस्त किया गया है।

इससे मनुष्य सभी तनावों से मुक्त होकर शुद्ध मन से अनुष्ठान सम्पन्न करके पश्चात्ताप की अग्नि में पवित्र, पाप मुक्त होकर सद्‌गति को प्राप्त कर सकते हैं।

फाल्गुनी का उत्सव तथा अन्य सदनोत्सव, श्रावणी में धूत धाता तथा रक्षा-सूत्र के बंधन को विधि, नवमी की विधि तथा चन्द्रमहोत्सव का वर्णन किया गया है।

दीप मलिका में होम तथा लक्ष होम की विधि सम्पन्न करके कोटि होम-महशीति-गणनाथ का शांति वर्णन, नक्षत्र होम, गोदान की विधि का वर्णन देते हुए गुड़ घृत, तिल धेनु व्रतों का वर्णन भी इस परम पवित्र पुराण में नर-कल्याण के हित किया गया है।

इसको सम्पन्न करने से बड़े से बड़े पाप का क्षय हो जाता है और भक्त सुखोपभोग करते हुए अन्त में देवलोक का सान्निध्य पाने योग्य हो जाता है।

इस प्रकार जो मनुष्य यह भविष्य पुराण का श्रवण, पूजन, अर्चन, करके नित्य नैमित्तिक कर्म करते हुए विधि-विधान से अनुष्ठान सम्पन्न करते हैं, वे मोक्ष के अधिकारी होते हैं।